365 그림묵상 캘린더
내 마음의 노래, 시편묵상

글·그림 고래일기

토기장이

당신의 하루가
하나님을 향한 노래가 되기를 소망하며

_____ 드립니다

12.31
DECEMBER

여호와께서는
자기 백성을 기뻐하시도다

여호와께서는 자기 백성을 기뻐하시며 겸손한 자를 구원으로 아름답게 하심이로다 시편 149:4

오늘도 들려주시는 주님의 노래가 내 마음에 가득합니다.
그리고 그 말씀들을 온종일 흥얼거리며 그림을 그려 봅니다.
아버지의 사랑이 나에게 가득히 차고 넘쳐
누군가에게 아름다운 멜로디로 흘러가는 그림이 되기를 소망합니다.

고래일기 박고은

12.30
DECEMBER

하나님이여 내 마음이 확정되었고
내 마음이 확정되었사오니
내가 노래하고 내가 찬송하리이다

시편 57:7

JANUARY

여호와는 나의 힘과 나의 방패이시니 내 마음이 그를 의지하여 도움을 얻었도다
그러므로 내 마음이 크게 기뻐하며 내 노래로 그를 찬송하리로다 시편 28:7

12.28 DECEMBER

오직 여호와는
우리의 피난처가
되시도다

그러나 거기서 그들은 두려워하고 두려워하였으니 하나님이 의인의 세대에 계심이로다 너희가 가난한 자의 계획을 부끄럽게 하나 오직 여호와는 그의 피난처가 되시도다 시편 14:5-6

01.02 JANUARY

아침에 주께서 나의 소리를 들으시리니
아침에 내가 주께 기도하고 바라리이다

나의 왕, 나의 하나님이여 내가 부르짖는 소리를 들으소서 내가 주께 기도하나이다 여호와여 아침에 주께서
나의 소리를 들으시리니 아침에 내가 주께 기도하고 바라리이다 시편 5:2-3

12.27
DECEMBER

여호와 내 구원의 하나님이여
내가 주야로 주 앞에서 부르짖었사오니
나의 기도가 주 앞에 이르게 하시며
나의 부르짖음에 주의 귀를 기울여 주소서

시편 88:1-2

01.03 JANUARY

저녁에는 울음이 깃들일지라도
아침에는 기쁨이 오리로다

주의 성도들아 여호와를 찬송하며 그의 거룩함을 기억하며
감사하라 그의 노염은 잠깐이요 그의 은총은 평생이로다
저녁에는 울음이 깃들일지라도 아침에는 기쁨이 오리로다
시편 30:4-5

12.26
DECEMBER

나의 눈물을 주의 병에 담으소서

나의 유리함을 주께서 계수하셨사오니 나의 눈물을 주의 병에 담으소서 이것이 주의 책에 기록되지
아니하였나이까 시편 56:8

01.04
JANUARY

내 영혼아
네 평안함으로 돌아갈지어다

여호와께서는 순진한 자를 지키시나니 내가 어려울 때에 나를 구원하셨도다 내 영혼아 네 평안함으로
돌아갈지어다 여호와께서 너를 후대하심이로다 시편 116:6-7

12.25
DECEMBER

아름답고 거룩한 것으로 여호와께 예배할지어다

여호와의 이름에 합당한 영광을 그에게 돌릴지어다 예물을 들고 그의 궁정에 들어갈지어다 아름답고 거룩한 것으로 여호와께 예배할지어다 온 땅이여 그 앞에서 떨지어다 시편 96:8-9

01.05
JANUARY

여호와께서
모든 인생을 살피심이여

여호와께서 하늘에서 굽어보사 모든 인생을 살피심이여 그는 그들 모두의 마음을 지으시며 그들이 하는 일을 굽어살피시는 이로다 시편 33:13, 15

12.24
DECEMBER

그의 구원을
날마다 전파할지어다

새 노래로 여호와께 노래하라 온 땅이여 여호와께 노래할지어다 여호와께 노래하여 그의 이름을 송축하며
그의 구원을 날마다 전파할지어다 시편 96:1-2

모든 일에 은혜로우시도다

01.06 JANUARY

모든 사람의 눈이 주를 앙망하오니 주는 때를 따라 그들에게 먹을 것을 주시며 손을 펴사 모든 생물의 소원을 만족하게 하시나이다 여호와께서는 그 모든 행위에 의로우시며 그 모든 일에 은혜로우시도다 시편 145:15-17

그의 기적을 사람이 기억하게 하셨으니
여호와는 은혜로우시고 자비로우시도다

12.23
DECEMBER

여호와께서 행하시는 일들이 크시오니 이를 즐거워하는 자들이 다 기리는도다 그의 행하시는 일이 존귀하고 엄위하며 그의 의가 영원히 서 있도다 그의 기적을 사람이 기억하게 하셨으니 여호와는 은혜로우시고 자비로우시도다 시편 111:2-4

모든 것에 긍휼을 베푸시는도다

01.07
JANUARY

여호와는 은혜로우시며 긍휼이 많으시며 노하기를 더디 하시며 인자하심이 크시도다 여호와께서는 모든 것을 선대하시며 그 지으신 모든 것에 긍휼을 베푸시는도다 시편 145:8-9

12.22
DECEMBER

오직 주께서 나를 모태에서 나오게 하시고
내 어머니의 젖을 먹을 때에 의지하게 하셨나이다
내가 날 때부터 주께 맡긴 바 되었고
모태에서 나올 때부터 주는 나의 하나님이 되셨나이다

시편 22:9-10

01.08 JANUARY

나도 주의 위대하심을 선포하리이다

대대로 주께서 행하시는 일을 크게 찬양하며 주의 능한 일을 선포하리로다 주의 존귀하고 영광스러운 위엄과 주의 기이한 일들을 나는 작은 소리로 읊조리리이다 시편 145:4-5

주의 손이 나를 만들고 세우셨나이다

주의 손이 나를 만들고 세우셨사오니 내가 깨달아 주의 계명들을 배우게 하소서 주를 경외하는 자들이 나를 보고 기뻐하는 것은 내가 주의 말씀을 바라는 까닭이니이다 시편 119:73-74

12.20
DECEMBER

나의 죄를 기억하지 마시고
깨끗이 씻어 주소서

우리 조상들의 죄악을 기억하지 마시고 주의 긍휼로 우리를 속히 영접하소서 우리가 매우 가련하게 되었나이다 우리 구원의 하나님이여 주의 이름의 영광스러운 행사를 위하여 우리를 도우시며 주의 이름을 증거하기 위하여 우리를 건지시며 우리 죄를 사하소서 시편 79:8-9

주께서 내게 소망을 가지게 하셨나이다

01.10
JANUARY

내가 사랑하는 주의 계명들을 스스로 즐거워하며 또 내가 사랑하는 주의 계명들을 향하여 내 손을 들고 주의 율례들을 작은 소리로 읊조리이다 주의 종에게 하신 말씀을 기억하소서 주께서 내게 소망을 가지게 하셨나이다 시편 119:47-49

12.19
DECEMBER

여호와여 나와 다투는 자와 다투시고
나와 싸우는 자와 싸우소서

여호와여 나와 다투는 자와 다투시고 나와 싸우는 자와 싸우소서 방패와 손 방패를 잡으시고 일어나 나를
도우소서 창을 빼사 나를 쫓는 자의 길을 막으시고 또 내 영혼에게 나는 네 구원이라 이르소서 시편 35:1-3

01.11 JANUARY

지금까지 지내온 것
주님의 크신 은혜라

여호와는 은혜로우시며 의로우시며 우리 하나님은 긍휼이 많으시도다 시편 116:5

12.18
DECEMBER

내 영혼이 주를 찾기에
갈급하니이다

하나님이여 사슴이 시냇물을 찾기에 갈급함같이 내 영혼이 주를 찾기에 갈급하니이다 내 영혼이 하나님 곧 살아 계시는 하나님을 갈망하나니 내가 어느 때에 나아가서 하나님의 얼굴을 뵈올까 시편 42:1-2

온전한 피난처는 오직 여호와께만 있도다

01.12
JANUARY

여호와께 피하는 것이 사람을 신뢰하는 것보다 나으며
여호와께 피하는 것이 고관들을 신뢰하는 것보다 낫도다 시편 118:8-9

12.17
DECEMBER

여호와여 내가 주께 피하오니
나를 영원히 부끄럽게 하지 마시고
주의 공의로 나를 건지소서
내게 귀를 기울여 속히 건지시고
내게 견고한 바위와 구원하는 산성이 되소서

시편 31:1-2

01.13
JANUARY

내가 주께 부르짖으니 나를 고치셨나이다

여호와 내 하나님이여 내가 주께 부르짖으매 나를 고치셨나이다 여호와여 주께서 내 영혼을 스올에서 끌어 내어 나를 살리사 무덤으로 내려가지 아니하게 하셨나이다 시편 30:2-3

12.16
DECEMBER

그에게 피하는 자는
복이 있도다

너희는 여호와의 선하심을 맛보아 알지어다 그에게 피하는 자는 복이 있도다 너희 성도들아 여호와를 경외하라 그를 경외하는 자에게는 부족함이 없도다 젊은 사자는 궁핍하여 주릴지라도 여호와를 찾는 자는 모든 좋은 것에 부족함이 없으리로다 시편 34:8-10

01.14
JANUARY

주 외에 누가 내게 있으리요
주 밖에 내가 사모할 이 없나이다

하늘에서는 주 외에 누가 내게 있으리요 땅에서는 주 밖에 내가 사모할 이 없나이다 시편 73:25

와서 하나님께서 행하신 것을 보라

12.15
DECEMBER

하나님께 아뢰기를 주의 일이 어찌 그리 엄위하신지요 주의 큰 권능으로 말미암아 주의 원수가 주께 복종할 것이며 와서 하나님께서 행하신 것을 보라 사람의 아들들에게 행하심이 엄위하시도다 시편 66:3, 5

01.15
JANUARY

주께서 나를 살펴보셨으므로
나를 환히 아시나이다

주께서 내가 앉고 일어섬을 아시고 멀리서도 나의 생각을 밝히 아시오며 나의 모든 길과 내가 눕는 것을 살펴보셨으므로 나의 모든 행위를 익히 아시오니 여호와여 내 혀의 말을 알지 못하시는 것이 하나도 없으시니이다 시편 139:2-4

여호와는 너를 지키시는 이시라
여호와께서 네 오른쪽에서 네 그늘이 되시나니
낮의 해가 너를 상하게 하지 아니하며
밤의 달도 너를 해치지 아니하리로다

시편 121:5-6

12.14
DECEMBER

01.16
JANUARY

내가 한 일이 아니요
오직 하나님의 능력으로 된 것이니
이는 하나님이 나를 사랑하신 까닭이라

그들이 자기 칼로 땅을 얻어 차지함이 아니요 그들의 팔이 그들을 구원함도 아니라 오직 주의 오른손과 주의 팔과 주의 얼굴의 빛으로 하셨으니 주께서 그들을 기뻐하신 까닭이니이다 시편 44:3

12.13
DECEMBER

주께서 우리의 죄악을
주의 앞에 놓으시며
우리의 은밀한 죄를
주의 얼굴 빛 가운데에 두셨사오니
시편 90:8

주의 얼굴을 주의 종에게 비추시고 주의 사랑하심으로 나를 구원하소서 시편 31:16

12.12
DECEMBER

여호와의 법은
꿀과 송이꿀보다 더 달도다

여호와의 교훈은 정직하여 마음을 기쁘게 하고 여호와의 계명은 순결하여 눈을 밝게 하시도다 여호와를 경외하는 도는 정결하여 영원까지 이르고 여호와의 법도 진실하여 다 의로우니 금 곧 많은 순금보다 더 사모할 것이며 꿀과 송이꿀보다 더 달도다 시편 19:7-10

01.18
JANUARY

내 마음이 그를 의지하여
도움을 얻었도다

여호와를 찬송함이여 내 간구하는 소리를 들으심이로다 여호와는 나의 힘과 나의 방패이시니 내 마음이 그를 의지하여 도움을 얻었도다 그러므로 내 마음이 크게 기뻐하며 내 노래로 그를 찬송하리로다 시편 28:6-7

12.11
DECEMBER

나의 하나님이여
주의 인자하심을 따라
나를 구원하소서

여호와 나의 하나님이여 나를 도우시며 주의 인자하심을 따라 나를 구원하소서 이것이 주의 손이 하신 일인 줄을 그들이 알게 하소서 주 여호와께서 이를 행하셨나이다 시편 109:26-27

01.19 JANUARY

우리가 주께 바라는 대로
주의 한결같은 사랑을
우리에게 베푸소서

우리 마음이 그를 즐거워함이여 우리가 그의 성호를 의지하였기 때문이로다 여호와여 우리가 주께 바라는 대로 주의 인자하심을 우리에게 베푸소서 시편 33:21-22

12.10
DECEMBER

내가 여호와께 간구하매
내게 응답하시고
내 모든 두려움에서 나를 건지셨도다

내가 여호와께 간구하매 내게 응답하시고 내 모든 두려움에서 나를 건지셨도다 그들이 주를 앙망하고
광채를 내었으니 그들의 얼굴은 부끄럽지 아니하리로다 시편 34:4-5

약한 자를 돌보는 자는 복이 있으니

01.20
JANUARY

가난한 자를 보살피는 자에게 복이 있음이여 재앙의 날에 여호와께서 그를 건지시리로다 여호와께서 그를 지키사 살게 하시리니 그가 이 세상에서 복을 받을 것이라 주여 그를 그 원수들의 뜻에 맡기지 마소서 시편 41:1-2

12.09
DECEMBER

악에서 떠나 선을 행하라
그리하면 영원히 살리라

내가 어려서부터 늙기까지 의인이 버림을 당하거나 그의 자손이 걸식함을 보지 못하였도다 그는 종일토록
은혜를 베풀고 꾸어 주니 그의 자손이 복을 받는도다 악에서 떠나 선을 행하라 그리하면 영원히 살리니
시편 37:25-27

01.21
JANUARY

견고한 성에서
그의 놀라운 사랑을
내게 보이셨음이로다

주를 두려워하는 자를 위하여 쌓아 두신 은혜 곧 주께 피하는 자를 위하여 인생 앞에 베푸신 은혜가 어찌 그리 큰 지요 주께서 그들을 주의 은밀한 곳에 숨기사 사람의 꾀에서 벗어나게 하시고 비밀히 장막에 감추사 말 다툼에서 면하게 하시리이다 여호와를 찬송할지어다 견고한 성에서 그의 놀라운 사랑을 내게 보이셨음이로다 시편 31:19-21

12.08
DECEMBER

하나님을 아는 기쁨,
돌보시는 손길을 깨닫는 기쁨,
주의 나라의 기쁨을
나누어 가지게 하사

내가 주의 택하신 자가 형통함을 보고 주의 나라의 기쁨을 나누어 가지게 하사 주의 유산을 자랑하게
하소서 시편 106:5

01.22
JANUARY

주께서 내 마음에 두신 기쁨은
그들의 곡식과 새 포도주가
풍성할 때보다 더하니이다
내가 평안히 눕고 자기도 하리니
나를 안전히 살게 하시는 이는
오직 여호와이시니이다 시편 4:7-8

12.07
DECEMBER

주께서 나의 앞뒤를 둘러싸시고 내게 안수하셨나이다

주께서 나의 앞뒤를 둘러싸시고 내게 안수하셨나이다 이 지식이 내게 너무 기이하니 높아서 내가 능히 미치지 못하나이다 시편 139:5-6

01.23 JANUARY

악을 버리고 선을 행하며
화평을 찾아 따를지어다

네 혀를 악에서 금하며 네 입술을 거짓말에서 금할지어다 악을 버리고 선을 행하며 화평을 찾아 따를지어다 여호와의 눈은 의인을 향하시고 그의 귀는 그들의 부르짖음에 기울이시는도다 시편 34:13-15

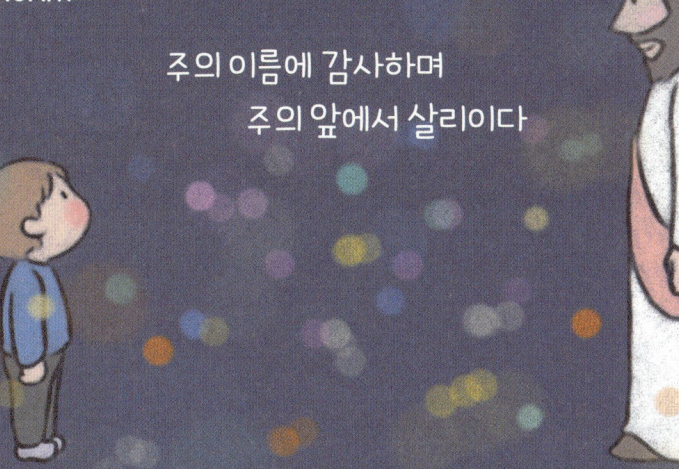

01.24
JANUARY

주의 이름에 감사하며
주의 앞에서 살리이다

내가 알거니와 여호와는 고난당하는 자를 변호해 주시며 궁핍한 자에게 정의를 베푸시리이다
진실로 의인들이 주의 이름에 감사하며 정직한 자들이 주의 앞에서 살리이다 시편 140:12-13

주께서 내 마음을 넓히시면 내가 주의 계명들의 길로 달려가리이다 여호와여 주의 율례들의 도를 내게 가르치소서 내가 끝까지 지키리이다 시편 119:32-33

12.04
DECEMBER

내가 그를
안전한 지대에 두리라

여호와의 말씀에 가련한 자들의 눌림과 궁핍한 자들의 탄식으로 말미암아 내가 이제 일어나 그를 그가
원하는 안전한 지대에 두리라 하시도다 시편 12:5

찬송하는 일이 아름답고 마땅하도다

01.26
JANUARY

할렐루야 우리 하나님을 찬양하는 일이 선함이여 찬송하는 일이 아름답고 마땅하도다 시편 147:1

12.03
DECEMBER

여호와여
어느 때까지니이까

여호와여 어느 때까지니이까 나를 영원히 잊으시나이까 주의 얼굴을 나에게서 어느 때까지 숨기시겠나이까
시편 13:1

01.27
JANUARY

내가 여호와께 바라는 한 가지 일
그것을 구하리니
곧 내가 내 평생에 여호와의 집에 살면서
여호와의 아름다움을 바라보며
그의 성전에서 사모하는 그것이라 시편 27:4

12.02
DECEMBER

내가 주의 법도들을 영원히 잊지 아니하오니
주께서 이것들 때문에 나를 살게 하심이니이다
나는 주의 것이오니 나를 구원하소서
내가 주의 법도들만을 찾았나이다

시편 119:93-94

01.28 JANUARY

여호와께서 네 모든 기도를
이루어 주시기를 원하노라

환난 날에 여호와께서 네게 응답하시고 … 너를 도와주시고 시온에서 너를 붙드시며 네 모든 소제를 기억하시며 … 네 마음의 소원대로 허락하시고 네 모든 계획을 이루어 주시기를 원하노라 … 여호와께서 네 모든 기도를 이루어 주시기를 원하노라 시편 20:1-5

12.01
DECEMBER

내 흑암을 밝히시리이다

주께서 나의 등불을 켜심이여 여호와 내 하나님이 내 흑암을 밝히시리이다 시편 18:28

01.29 JANUARY

그는 자기에게 피하는 모든 자의 방패시로다

내가 주를 의뢰하고 적군을 향해 달리며 내 하나님을 의지하고 담을 뛰어넘나이다 하나님의 도는 완전하고 여호와의 말씀은 순수하니 그는 자기에게 피하는 모든 자의 방패시로다 시편 18:29-30

12

DECEMBER

여호와는 너를 지키시는 이시라 여호와께서 네 오른쪽에서 네 그늘이 되시나니
낮의 해가 너를 상하게 하지 아니하며 밤의 달도 너를 해치지 아니하리로다 시편 121:5-6

11.30
NOVEMBER

주는 하늘 위에 높이 들리시며
주의 영광이 온 세계 위에
높아지기를 원하나이다

주여 내가 만민 중에서 주께 감사하오며 뭇 나라 중에서 주를 찬송하리이다 무릇 주의 인자는 커서 하늘에 미치고 주의 진리는 궁창에 이르나이다 하나님이여 주는 하늘 위에 높이 들리시며 주의 영광이 온 세계 위에 높아지기를 원하나이다 시편 57:9-11

01.31 JANUARY

내 영혼이 여호와를 즐거워함이여
그의 구원을 기뻐하리로다

내 영혼이 여호와를 즐거워함이여 그의 구원을 기뻐하리로다 내 모든 뼈가 이르기를 여호와와 같은 이가 누구냐 그는 가난한 자를 그보다 강한 자에게서 건지시고 가난하고 궁핍한 자를 노략하는 자에게서 건지시는 이라 하리로다 시편 35:9-10

11.29
NOVEMBER

내가 깰 때에 주의 형상으로 만족하리이다

주께 피하는 자들을 그 일어나 치는 자들에게서 오른손으로 구원하시는 주여 주의 기이한 사랑을 나타내소서 나를 눈동자같이 지키시고 주의 날개 그늘 아래에 감추사 내 앞에서 나를 압제하는 악인들과 나의 목숨을 노리는 원수들에게서 벗어나게 하소서 나는 의로운 중에 주의 얼굴을 뵈오리니 깰 때에 주의 형상으로 만족하리이다 시편 17:7-9, 15

2
FEBRUARY

복 있는 사람은 악인들의 꾀를 따르지 아니하며 죄인들의 길에 서지 아니하며
오만한 자들의 자리에 앉지 아니하고 오직 여호와의 율법을 즐거워하여
그의 율법을 주야로 묵상하는도다 시편 1:1-2

11.28
NOVEMBER

주께서 내 원수의 목전에서 내게 상을 차려 주시고 기름을 내 머리에 부으셨으니 내 잔이 넘치나이다

주께서 내 원수의 목전에서 내게 상을 차려 주시고 기름을 내 머리에 부으셨으니 내 잔이 넘치나이다
내 평생에 선하심과 인자하심이 반드시 나를 따르리니 내가 여호와의 집에 영원히 살리로다 시편 23:5-6

02.01
FEBRUARY

주께서 우리를 단련하시기를
은을 단련함같이 하셨으며

하나님이여 주께서 우리를 시험하시되 우리를 단련하시기를 은을 단련함같이 하셨으며 우리를 끌어 그물에 걸리게 하시며 어려운 짐을 우리 허리에 매어 두셨으며 사람들이 우리 머리를 타고 가게 하셨나이다 우리가 불과 물을 통과하였더니 주께서 우리를 끌어내사 풍부한 곳에 들이셨나이다 시편 66:10-12

11.27
NOVEMBER

외로운 자가
주를 의지하나이다

주께서는 보셨나이다 주는 재앙과 원한을 감찰하시고 주의 손으로 갚으려 하시오니 외로운 자가 주를
의지하나이다 주는 벌써부터 고아를 도우시는 이시니이다 시편 10:14

02.02
FEBRUARY

여호와와 그의 능력을 구할지어다
그의 얼굴을 항상 구할지어다

시편 105:4

주의 인자하심이 생명보다 나으므로
내 입술이 주를 찬양할 것이라
이러므로 나의 평생에 주를 송축하며
주의 이름으로 말미암아 나의 손을 들리이다

시편 63:3-4

11.26
NOVEMBER

02.03
FEBRUARY

우리 주는 위대하시며
능력이 많으시며
그의 지혜가 무궁하시도다

시편 147:5

여호와를 경외함이 지혜의 근본이라

02.04
FEBRUARY

여호와를 경외함이 지혜의 근본이라 그의 계명을 지키는 자는 다 훌륭한 지각을 가진 자이니 여호와를 찬양함이 영원히 계속되리로다 시편 111:10

내가 주의 율례들을 영원히 행하려고
내 마음을 기울였나이다

11.24
NOVEMBER

주의 증거들로 내가 영원히 나의 기업을 삼았사오니 이는 내 마음의 즐거움이 됨이니이다 내가 주의 율례들을
영원히 행하려고 내 마음을 기울였나이다 내가 두 마음 품는 자들을 미워하고 주의 법을 사랑하나이다
시편 119:111-113

복 있는 사람은
악인들의 꾀를 따르지 아니하며
죄인들의 길에 서지 아니하며
오만한 자들의 자리에 앉지 아니하고
오직 여호와의 율법을 즐거워하여
그의 율법을 주야로 묵상하는도다

시편 1:1-2

02.05
FEBRUARY

02.06
FEBRUARY

내 눈을 열어서 주의 율법에서
놀라운 것을 보게 하소서

시편 119:18

11.22
NOVEMBER

존귀와 위엄이 그의 앞에 있으며
능력과 아름다움이 그의 성소에 있도다

여호와는 위대하시니 지극히 찬양할 것이요 모든 신들보다 경외할 것임이여 만국의 모든 신들은 우상들이지만 여호와께서는 하늘을 지으셨음이로다 존귀와 위엄이 그의 앞에 있으며 능력과 아름다움이 그의 성소에 있도다 시편 96:4-6

02.07
FEBRUARY

여호와의 인자하심과
인생에게 행하신 기적으로 말미암아
그를 찬송할지로다
감사제를 드리며 노래하여
그가 행하신 일을 선포할지로다

시편 107:21-22

11.21 NOVEMBER

여호와의 말씀은 순결함이여
흙 도가니에 일곱 번 단련한 은 같도다

여호와의 말씀은 순결함이여 흙 도가니에 일곱 번 단련한 은 같도다 여호와여 그들을 지키사 이 세대로부터 영원까지 보존하시리이다 시편 12:6-7

그가 자기 백성은 양같이 인도하여 내시고
광야에서 양 떼같이 지도하셨도다
그들을 안전히 인도하시니 그들은 두려움이 없었으나
그들의 원수는 바다에 빠졌도다 시편 78:52-53

02.08
FEBRUARY

11.20
NOVEMBER

나의 발걸음을
주의 말씀에 굳게 세우소서

주의 이름을 사랑하는 자들에게 베푸시던 대로 내게 돌이키사 내게 은혜를 베푸소서 나의 발걸음을 주의
말씀에 굳게 세우시고 어떤 죄악도 나를 주관하지 못하게 하소서 시편 119:132-133

02.09
FEBRUARY

주께서 옛적에 행하신
그 놀라운 일들을
내가 기억하리이다

곧 여호와의 일들을 기억하며 주께서 옛적에 행하신 기이한 일을 기억하리이다 또 주의 모든 일을 작은 소리로 읊조리며 주의 행사를 낮은 소리로 되뇌이리이다 시편 77:11-12

11.19 NOVEMBER

내가 주님의 은혜를 기억하지 못하고
그를 슬프시게 함이 몇 번인가!

그들이 광야에서 그에게 반항하며 사막에서 그를 슬프시게 함이 몇 번인가 그들이 돌이켜 하나님을 거듭거듭 시험하며 이스라엘의 거룩하신 이를 노엽게 하였도다 그들이 그의 권능의 손을 기억하지 아니하며 대적에게서 그들을 구원하신 날도 기억하지 아니하였도다 시편 78:40-42

11.18
NOVEMBER

여호와께서는 사람의 생각이
허무함을 아시느니라

여호와께서는 사람의 생각이 허무함을 아시느니라 여호와여 주로부터 징벌을 받으며 주의 법으로 교훈하심을 받는 자가 복이 있나니 이런 사람에게는 환난의 날을 피하게 하사 악인을 위하여 구덩이를 팔 때까지 평안을 주시리이다 시편 94:11-13

02.11
FEBRUARY

주의 얼굴을 내 죄에서 돌이키시고
내 모든 죄악을 지워 주소서
하나님이여
내 속에 정한 마음을 창조하시고
내 안에 정직한 영을 새롭게 하소서
시편 51:9-10

11.17 NOVEMBER

하나님께서 구하시는 제사는 상한 심령이라

하나님께서 구하시는 제사는 상한 심령이라 하나님이여 상하고 통회하는 마음을 주께서 멸시하지 아니하시리이다 시편 51:17

02.12
FEBRUARY

주여 내 영혼이 주를 우러러보오니
주여 내 영혼을 기쁘게 하소서

시편 86:4

11.16
NOVEMBER

주는 나의 주님이시오니
주 밖에는 나의 복이 없나이다

내가 여호와께 아뢰되 주는 나의 주님이시오니 주 밖에는 나의 복이 없다 하였나이다 내가 여호와를 항상
내 앞에 모심이여 그가 나의 오른쪽에 계시므로 내가 흔들리지 아니하리로다 시편 16:2, 8

02.13
FEBRUARY

여호와께서는 자기에게 간구하는 모든 자
곧 진실하게 간구하는 모든 자에게
가까이하시는도다 시편 145:18

주께서 내게 응답하시고 나의 구원이 되셨으니 내가 주께 감사하리이다 건축자가 버린 돌이 집 모퉁이의 머릿돌이 되었나니 이는 여호와께서 행하신 것이요 우리 눈에 기이한 바로다 이 날은 여호와께서 정하신 것이라 이 날에 우리가 즐거워하고 기뻐하리로다 시편 118:21-24

나의 찬송은 주께로부터 온 것이니
저들의 마음이 영원히 살리라

02.14
FEBRUARY

큰 회중 가운데에서 나의 찬송은 주께로부터 온 것이니 주를 경외하는 자 앞에서 나의 서원을 갚으리이다
겸손한 자는 먹고 배부를 것이며 여호와를 찾는 자는 그를 찬송할 것이라 너희 마음은 영원히 살지어다
시편 22:25-26

11.14 NOVEMBER

내가 주의 날개 아래로 피하리이다

주는 나의 피난처시요 원수를 피하는 견고한 망대이심이니이다 내가 영원히 주의 장막에 머물며 내가 주의 날개 아래로 피하리이다 시편 61:3-4

02.15
FEBRUARY

만군의 여호와여 주의 장막이 어찌 그리 사랑스러운지요
주의 집에 사는 자들은 복이 있나니 그들이 항상 주를 찬송하리이다 시편 84:1, 4

11.13
NOVEMBER

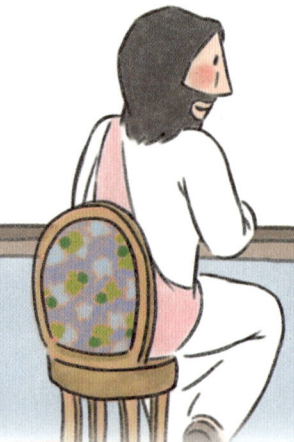

무릇 주는 마음의 비밀을 아시나이다

나의 능욕이 종일 내 앞에 있으며 수치가 내 얼굴을 덮었으니 이 모든 일이 우리에게 임하였으나 우리가 주를 잊지 아니하며 주의 언약을 어기지 아니하였나이다 우리가 우리 하나님의 이름을 잊어버렸거나 우리 손을 이방 신에게 향하여 폈더면 하나님이 이를 알아내지 아니하셨으리이까 무릇 주는 마음의 비밀을 아시나이다 시편 44:15, 17, 20-21

02.16
FEBRUARY

주께 힘을 얻고 그 마음에
시온의 대로가 있는 자는 복이 있나이다 시편 84:7

11.12
NOVEMBER

의인의 입은 지혜로우며
그의 혀는 정의를 말하며
그의 마음에는 하나님의 법이 있으니
그의 걸음은 실족함이 없으리로다

시편 37:30-31

02.17 FEBRUARY

주의 궁정에서의 한 날이 다른 곳에서의 천 날보다 나은즉
악인의 장막에 사는 것보다 내 하나님의 성전 문지기로 있는 것이 좋사오니 시편 84:10

11.11 NOVEMBER

지존자의 은밀한 곳에 거주하며
전능자의 그늘 아래에 사는 자여

지존자의 은밀한 곳에 거주하며 전능자의 그늘 아래에 사는 자여, 나는 여호와를 향하여 말하기를 그는 나의 피난처요 나의 요새요 내가 의뢰하는 하나님이라 하리니 이는 그가 너를 새 사냥꾼의 올무에서와 심한 전염병에서 건지실 것임이로다 시편 91:1-3

02.18
FEBRUARY

나의 괴로운 날에
주의 얼굴을 내게서 숨기지 마소서

여호와여 내 기도를 들으시고 나의 부르짖음을 주께 상달하게 하소서 주의 귀를 내게 기울이사 내가 부르짖는 날에 속히 내게 응답하소서 시편 102:1-2

11.10
NOVEMBER

내가 환난 중에 있사오니
속히 내게 응답하소서

여호와여 주의 인자하심이 선하시오니 내게 응답하시며 주의 많은 긍휼에 따라 내게로 돌이키소서 주의 얼굴을 주의 종에게서 숨기지 마소서 내가 환난 중에 있사오니 속히 내게 응답하소서 내 영혼에게 가까이 하사 구원하시며 내 원수로 말미암아 나를 속량하소서 시편 69:16-18

나의 구원과 영광이 하나님께 있음이여
내 힘의 반석과 피난처도 하나님께 있도다 시편 62:7

02.19
FEBRUARY

11.09
NOVEMBER

내가 전심으로 주를 찾았사오니
주의 계명에서 떠나지 말게 하소서

내가 주의 의로운 판단을 배울 때에는 정직한 마음으로 주께 감사하리이다 내가 주의 율례들을 지키오리니
나를 아주 버리지 마옵소서 청년이 무엇으로 그의 행실을 깨끗하게 하리이까 주의 말씀만 지킬 따름이니이다
내가 전심으로 주를 찾았사오니 주의 계명에서 떠나지 말게 하소서 시편 119:7-10

02.20 FEBRUARY

내 영혼을 빈궁한 대로
버려 두지 마옵소서

주 여호와여 내 눈이 주께 향하며 내가 주께 피하오니 내 영혼을 빈궁한 대로 버려 두지 마옵소서 시편 141:8

11.08
NOVEMBER

여호와여
환난과 슬픔을 만났을 때
내 영혼을 건지소서

사망의 줄이 나를 두르고 스올의 고통이 내게 이르므로 내가 환난과 슬픔을 만났을 때에 내가 여호와의 이름으로 기도하기를 여호와여 주께 구하오니 내 영혼을 건지소서 하였도다 시편 116:3-4

02.21
FEBRUARY

여호와여
주의 이름을 아는 자는
주를 의지하오리니
이는 주를 찾는 자들을
버리지 아니하심이니이다

여호와는 압제를 당하는 자의 요새이시요 환난 때의 요새이시로다 여호와여 주의 이름을 아는 자는 주를 의지하오리니 이는 주를 찾는 자들을 버리지 아니하심이니이다 시편 9:9-13

11.07
NOVEMBER

여호와께서 좋은 것을 주시리니
우리 땅이 그 산물을 내리로다

여호와께서 좋은 것을 주시리니 우리 땅이 그 산물을 내리로다 의가 주의 앞에 앞서 가며 주의 길을 닦으리로다 시편 85:12-13

02.22
FEBRUARY

나는 하나님의 집에 있는
푸른 감람나무 같음이여
하나님의 인자하심을
영원히 의지하리로다 시편 52:8

11.05 NOVEMBER

사람들이 그로 말미암아 복을 받으리니
모든 민족이 다 그를 복되다 하리로다

그의 이름이 영구함이여 그의 이름이 해와 같이 장구하리로다 사람들이 그로 말미암아 복을 받으리니 모든 민족이 다 그를 복되다 하리로다 홀로 기이한 일들을 행하시는 여호와 하나님 곧 이스라엘의 하나님을 찬송하며 그 영화로운 이름을 영원히 찬송할지어다 온 땅에 그의 영광이 충만할지어다 아멘 아멘 시편 72:17-19

02.24
FEBRUARY

그가 너를 그의 깃으로 덮으시리니
네가 그의 날개 아래에 피하리로다

그가 너를 그의 깃으로 덮으시리니 네가 그의 날개 아래에 피하리로다 그의 진실함은 방패와 손 방패가 되시나니 너는 밤에 찾아오는 공포와 낮에 날아드는 화살과 어두울 때 퍼지는 전염병과 밝을 때 닥쳐오는 재앙을 두려워하지 아니하리로다 시편 91:4-6

11.04
NOVEMBER

나를 숨은 허물에서
벗어나게 하소서

자기 허물을 능히 깨달을 자 누구리요 나를 숨은 허물에서 벗어나게 하소서 또 주의 종에게 고의로 죄를 짓지 말게 하사 그 죄가 나를 주장하지 못하게 하소서 그리하면 내가 정직하여 큰 죄과에서 벗어나겠나이다 시편 19:12-13

11.03
NOVEMBER

나의 영혼아
잠잠히 하나님만 바라라

나의 영혼아 잠잠히 하나님만 바라라 무릇 나의 소망이 그로부터 나오는도다 오직 그만이 나의 반석이시요 나의 구원이시요 나의 요새이시니 내가 흔들리지 아니하리로다 시편 62:5-6

02.26
FEBRUARY

내가 피곤하고 심히 상하였으매
마음이 불안하여 신음하나이다

내가 피곤하고 심히 상하였으매 마음이 불안하여 신음하나이다 주여 나의 모든 소원이 주 앞에 있사오며
나의 탄식이 주 앞에 감추이지 아니하나이다 시편 38:8-9

11.02 NOVEMBER

여호와여
내 젊은 시절의 죄와 허물을
기억하지 마옵소서

여호와여 주의 긍휼하심과 인자하심이 영원부터 있었사오니 주여 이것들을 기억하옵소서 여호와여 내 젊은 시절의 죄와 허물을 기억하지 마시고 주의 인자하심을 따라 주께서 나를 기억하시되 주의 선하심으로 하옵소서 시편 25:6-7

여호와가 우리 하나님이신 줄 너희는 알지어다 그는 우리를 지으신 이요 우리는 그의 것이니 그의 백성이요 그의 기르시는 양이로다 시편 100:3

11.01
NOVEMBER

나의 하나님이여
내가 부르짖는 소리를 들으소서

여호와여 나의 말에 귀를 기울이사 나의 심정을 헤아려 주소서 나의 왕, 나의 하나님이여 내가 부르짖는 소리를 들으소서 내가 주께 기도하나이다 시편 5:1-2

02.28
FEBRUARY

실로 내 마음이 고요하고 평온하니

실로 내가 내 영혼으로 고요하고 평온하게 하기를 젖 뗀 아이가 그의 어머니 품에 있음 같게 하였나니
내 영혼이 젖 뗀 아이와 같도다 시편 131:2

11

NOVEMBER

나의 영혼아 잠잠히 하나님만 바라라 무릇 나의 소망이 그로부터 나오는도다
오직 그만이 나의 반석이시요 나의 구원이시요 나의 요새이시니
내가 흔들리지 아니하리로다 시편 62:5-6

02.29
FEBRUARY

하나님을 찾는 사람이 있는지 살펴보시니

어리석은 자는 그의 마음에 이르기를 하나님이 없다 하는도다 그들은 부패하고 그 행실이 가증하니 선을 행하는 자가 없도다 여호와께서 하늘에서 인생을 굽어살피사 지각이 있어 하나님을 찾는 자가 있는가 보려 하신즉 시편 14:1-2

10.31
OCTOBER

주는 나의 은신처이오니
환난에서 나를 보호하시고
구원의 노래로 나를 두르시리이다

시편 32:7

3
MARCH

파수꾼이 아침을 기다림보다 내 영혼이 주를 더 기다리나니
참으로 파수꾼이 아침을 기다림보다 더하도다 시편 130:6

10.30
OCTOBER

하늘에 계시는 주여
내가 눈을 들어 주께 향하나이다

하늘에 계시는 주여 내가 눈을 들어 주께 향하나이다 상전의 손을 바라보는 종들의 눈같이, 여주인의 손을 바라보는 여종의 눈같이 우리의 눈이 여호와 우리 하나님을 바라보며 우리에게 은혜 베풀어 주시기를 기다리나이다 여호와여 우리에게 은혜를 베푸시고 또 은혜를 베푸소서 심한 멸시가 우리에게 넘치나이다 시편 123:1-3

03.01
MARCH

진실로 생명의 원천이
주께 있사오니

진실로 생명의 원천이 주께 있사오니 주의 빛 안에서 우리가 빛을 보리이다 시편 36:9

10.29
OCTOBER

이것들은 다 주께서 때를 따라
먹을 것을 주시기를 바라나이다

시편 104:27

10.28
OCTOBER

내가 악인의 큰 세력을 본즉
나무 잎이 무성함과 같으나
내가 지나갈 때에 그는 없어졌나니
내가 찾아도 발견하지 못하였도다

여호와를 바라고 그의 도를 지키라 그리하면 네가 땅을 차지하게 하실 것이라 악인이 끊어질 때에 네가 똑똑히 보리로다 내가 악인의 큰 세력을 본즉 그 본래의 땅에 서 있는 나무 잎이 무성함과 같으나 내가 지나갈 때에 그는 없어졌나니 내가 찾아도 발견하지 못하였도다 시편 37:34-36

03.03
MARCH

어느 곳에 가든지 요동하지 않음은
주의 팔을 의지함이라

내가 두려워하는 날에는 내가 주를 의지하리이다 내가 하나님을 의지하고 그 말씀을 찬송하올지라 내가
하나님을 의지하였은즉 두려워하지 아니하리니 혈육을 가진 사람이 내게 어찌하리이까 시편 56:3-4

10.27
OCTOBER

허물의 사함을 받고
자신의 죄가 가려진 자는
복이 있도다

허물의 사함을 받고 자신의 죄가 가려진 자는 복이 있도다 마음에 간사함이 없고 여호와께 정죄를 당하지
아니하는 자는 복이 있도다 시편 32:1-2

03.04
MARCH

내 속에 근심이 많을 때에
주의 위안이 내 영혼을 즐겁게 하시나이다

시편 94:19

주님의 사랑은 영원에서 영원까지 이르고
주님의 의로우심은 자손 대대에 이르리니

03.05
MARCH

인생은 그 날이 풀과 같으며 그 영화가 들의 꽃과 같도다 그것은 바람이 지나가면 없어지나니 그 있던 자리도 다시 알지 못하거니와 여호와의 인자하심은 자기를 경외하는 자에게 영원부터 영원까지 이르며 그의 의는 자손의 자손에게 이르리니 곧 그의 언약을 지키고 그의 법도를 기억하여 행하는 자에게로다 시편 103:15-18

10.25
OCTOBER

정직한 자는
그의 얼굴을 뵈오리로다

여호와는 의로우사 의로운 일을 좋아하시나니 정직한 자는 그의 얼굴을 뵈오리로다 시편 11:7

03.06
MARCH

주의 권능의 날에 주의 백성이
거룩한 옷을 입고 즐거이 헌신하니
새벽 이슬 같은 주의 청년들이
주께 나오는도다

시편 110:3

10.24
OCTOBER

주의 힘으로
나를 변호하소서

하나님이여 주의 이름으로 나를 구원하시고 주의 힘으로 나를 변호하소서 하나님은 나를 돕는 이시며
주께서는 내 생명을 붙들어 주시는 이시니이다 시편 54:1, 4

03.07
MARCH

나를 기가 막힐 웅덩이와
수렁에서 끌어올리시고
내 발을 반석 위에 두사
내 걸음을 견고하게 하셨도다

시편 40:2

03.08
MARCH

오라 우리가 여호와께 노래하며
우리의 구원의 반석을 향하여 즐거이 외치자
우리가 감사함으로 그 앞에 나아가며
시를 지어 즐거이 그를 노래하자

시편 95:1-3

10.22
OCTOBER

> 우리가 주의 크신 인자를
> 기억하지 아니하고
> 거역하였나이다

우리가 우리의 조상들처럼 범죄하여 사악을 행하며 악을 지었나이다 우리의 조상들이 애굽에 있을 때 주의 기이한 일들을 깨닫지 못하며 주의 크신 인자를 기억하지 아니하고 바다 곧 홍해에서 거역하였나이다 그러나 여호와께서는 자기의 이름을 위하여 그들을 구원하셨으니 그의 큰 권능을 만인이 알게 하려 하심이로다 시편 106:6-8

03.09
MARCH

여호와여
주의 긍휼을 내게서 거두지 마시고
주의 인자와 진리로
나를 항상 보호하소서

여호와여 주의 긍휼을 내게서 거두지 마시고 주의 인자와 진리로 나를 항상 보호하소서 수많은 재앙이 나를 둘러싸고 나의 죄악이 나를 덮치므로 우러러볼 수도 없으며 죄가 나의 머리털보다 많으므로 내가 낙심하였음이니이다 시편 40:11-12

03.10
MARCH

오늘, 너희는 그의 음성을 들어보아라

그는 우리의 하나님이시요 우리는 그가 기르시는 백성이며 그의 손이 돌보시는 양이기 때문이라 너희가 오늘 그의 음성을 듣거든 시편 95:7

10.20
OCTOBER

하나님이여
나를 살피사 내 마음을 아시며
나를 시험하사 내 뜻을 아옵소서
내게 무슨 악한 행위가 있나 보시고
나를 영원한 길로 인도하소서

시편 139:23-24

03.11
MARCH

하나님이여 우리를 돌이키시고
주의 얼굴빛을 비추사
우리가 구원을 얻게 하소서

만군의 하나님 여호와여 우리를 돌이켜 주시고 주의 얼굴의 광채를 우리에게 비추소서 우리가 구원을 얻으리이다 시편 80:19

10.19
OCTOBER

주의 빛과 주의 진리를 보내시어
주께서 계시는 곳에 이르게 하소서

주의 빛과 주의 진리를 보내시어 나를 인도하시고 주의 거룩한 산과 주께서 계시는 곳에 이르게 하소서
그런즉 내가 하나님의 제단에 나아가 나의 큰 기쁨의 하나님께 이르리이다 하나님이여 나의 하나님이여
내가 수금으로 주를 찬양하리이다 시편 43:3-4

03.12
MARCH

낮에는 여호와께서
그의 인자하심을 베푸시고
밤에는 그의 찬송이 내게 있어
생명의 하나님께 기도하리로다

시편 42:8

10.18
OCTOBER

주는 나의 요새이시며
나의 환난 날에
피난처심이니이다

나는 주의 힘을 노래하며 아침에 주의 인자하심을 높이 부르오리니 주는 나의 요새이시며 나의 환난 날에 피난처심이니이다 시편 59:16

03.13
MARCH

의인은 고난이 많으나 여호와께서
그의 모든 고난에서 건지시는도다
그의 모든 뼈를 보호하심이여
그 중에서 하나도 꺾이지 아니하도다

시편 34:19-20

10.17
OCTOBER

하나님이여 주는 나의 우매함을 아시오니
나의 죄가 주 앞에서 숨김이 없나이다

시편 69:5

03.14
MARCH

파수꾼이 아침을 기다림보다
내 영혼이 주를 더 기다리나니

나 곧 내 영혼은 여호와를 기다리며 나는 주의 말씀을 바라는도다 파수꾼이 아침을 기다림보다
내 영혼이 주를 더 기다리나니 참으로 파수꾼이 아침을 기다림보다 더하도다 시편 130:5-6

10.16
OCTOBER

네 길을 여호와께 맡기라
그를 의지하면 그가 이루시고
네 의를 빛같이 나타내시며
네 공의를 정오의 빛같이 하시리로다

시편 37:5-6

10.15 OCTOBER

땅의 왕국들아
하나님께 노래하고 주께 찬송할지어다
옛적 하늘들의 하늘을 타신 자에게 찬송하라
주께서 그 소리를 내시니 웅장한 소리로다

시편 68:32-33

03.16
MARCH

내가 산을 향하여 눈을 들리라
나의 도움이 어디서 올까
나의 도움은 천지를 지으신
여호와에게서로다
시편 121:1-2

03.17 MARCH

여호와께서 그의 백성을 속량하시며
그의 언약을 영원히 세우셨으니
그의 이름이 거룩하고 지존하시도다

시편 111:9

10.13
OCTOBER

여호와여 나를 돕는 자가 되소서

내가 형통할 때에 말하기를 영원히 흔들리지 아니하리라 하였도다 여호와여 주의 은혜로 나를 산같이 굳게 세우셨더니 주의 얼굴을 가리시매 내가 근심하였나이다 여호와여 내가 주께 부르짖고 여호와께 간구하기를 여호와여 들으시고 내게 은혜를 베푸소서 여호와여 나를 돕는 자가 되소서 하였나이다 시편 30:6-8, 10

03.18 MARCH

내 죄가 항상 내 앞에 있으니
나를 죄에서 깨끗하게 하소서

하나님이여 주의 인자를 따라 내게 은혜를 베푸시며 주의 많은 긍휼을 따라 내 죄악을 지워 주소서 나의 죄악을 말갛게 씻으시며 나의 죄를 깨끗이 제하소서 무릇 나는 내 죄과를 아오니 내 죄가 항상 내 앞에 있나이다
시편 51:1-3

03.19
MARCH

용서는 주님만이 하실 수 있으므로
우리가 주님만을 경외하나이다

여호와여 주께서 죄악을 지켜보실진대 주여 누가 서리이까
그러나 사유하심이 주께 있음은 주를 경외하게 하심이니이다 시편 130:3-4

03.20 MARCH

내 영혼이 주께로 피하되
주의 날개 그늘 아래에서
이 재앙들이 지나기까지 피하리이다

하나님이여 내게 은혜를 베푸소서 내게 은혜를 베푸소서 내 영혼이 주께로 피하되 주의 날개 그늘 아래에서 이 재앙들이 지나기까지 피하리이다 시편 57:1

10.10
OCTOBER

내 발을 넓은 곳에 세우셨음이니이다

내가 주의 인자하심을 기뻐하며 즐거워할 것은 주께서 나의 고난을 보시고 환난 중에 있는 내 영혼을 아셨으며 나를 원수의 수중에 가두지 아니하셨고 내 발을 넓은 곳에 세우셨음이니이다 시편 31:7-8

10.09
OCTOBER

여호와는 마음이 상한 자를
가까이하시고
중심으로 통회하는 자를
구원하시는도다

시편 34:18

의인이 부르짖으매 여호와께서 들으시고 그들의 모든 환난에서 건지셨도다 시편 34:17

03.22
MARCH

여호와여 주의 구원으로 말미암아
크게 즐거워하리이다
그의 마음의 소원을 들어 주셨으며
그의 입술의 요구를 거절하지
아니하셨나이다

시편 21:1-2

교만한 자들이 나를 심히 조롱하였어도
나는 주의 법을 떠나지 아니하였나이다

10.08
OCTOBER

이 말씀은 나의 고난 중의 위로라 주의 말씀이 나를 살리셨기 때문이니이다 교만한 자들이 나를 심히 조롱하였어도 나는 주의 법을 떠나지 아니하였나이다 시편 119:50-51

03.23
MARCH

주께서 택하시고 가까이 오게 하사
주의 뜰에 살게 하신 사람은 복이 있나이다
우리가 주의 집 곧 주의 성전의
아름다움으로 만족하리이다

시편 65:4

우리에게 우리 날 계수함을 가르치사
지혜로운 마음을 얻게 하소서

10.07
OCTOBER

누가 주의 노여움의 능력을 알며 누가 주의 진노의 두려움을 알리이까 우리에게 우리 날 계수함을 가르치사
지혜로운 마음을 얻게 하소서 시편 90:11-12

03.24
MARCH

주께 피하는 모든 사람은 다 기뻐하며
주의 보호로 말미암아 영원히 기뻐 외치고
주의 이름을 사랑하는 자들은
주를 즐거워하리이다
여호와여 주는 의인에게 복을 주시고
방패로 함같이 은혜로 그를 호위하시리이다

시편 5:11-12

10.06
OCTOBER

주의 말씀을 열면 빛이 비치어
우둔한 사람들을 깨닫게 하나이다

시편 119:130

03.25
MARCH

하나님께 가까이함이 내게 복이라

하나님께 가까이함이 내게 복이라 내가 주 여호와를 나의 피난처로 삼아 주의 모든 행적을 전파하리이다 시편 73:28

10.05
OCTOBER

너를 지키시는 이가
졸지 아니하시리로다

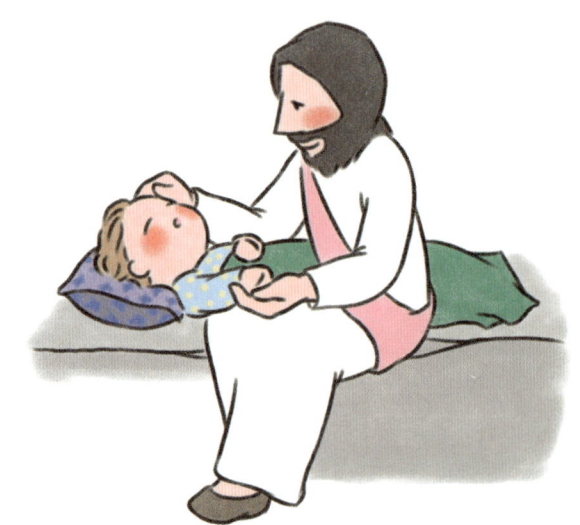

여호와께서 너를 실족하지 아니하게 하시며 너를 지키시는 이가 졸지 아니하시리로다 이스라엘을 지키시는 이는 졸지도 아니하시고 주무시지도 아니하시리로다 시편 121:3-4

03.26
MARCH

여호와의 이름에 합당한 영광을
그에게 돌리고 경배하라

너희 권능 있는 자들아 영광과 능력을 여호와께 돌리고 돌릴지어다 여호와께 그의 이름에 합당한 영광을
돌리며 거룩한 옷을 입고 여호와께 예배할지어다 시편 29:1-2

10.04
OCTOBER

여호와여 주께서 하신 일이 어찌 그리 많은지요
주께서 지혜로 그들을 다 지으셨으니
주께서 지으신 것들이 땅에 가득하니이다

시편 104:24

03.27
MARCH

그가 영원토록 지극한 복을 받게 하시며
주 앞에서 기쁘고 즐겁게 하시나이다

시편 21:6

10.03
OCTOBER

주의 법은
나의 즐거움이니이다

구하오니 주의 종에게 하신 말씀대로 주의 인자하심이 나의 위안이 되게 하시며 주의 긍휼히 여기심이 내게 임하사 내가 살게 하소서 주의 법은 나의 즐거움이니이다 시편 119:75-77

03.28
MARCH

이 곤고한 자가 부르짖으매
여호와께서 들으시고
그의 모든 환난에서 구원하셨도다

시편 34:6

10.02 OCTOBER

나의 힘이신 여호와여
내가 주를 사랑하나이다

나의 힘이신 여호와여 내가 주를 사랑하나이다 여호와는 나의 반석이시요 나의 요새시요 나를 건지시는 이시요 나의 하나님이시요 내가 그 안에 피할 나의 바위시요 나의 방패시요 나의 구원의 뿔이시요 나의 산성이시로다 시편 18:1-2

03.29
MARCH

우리 구원의 문이 되어 주신 주

내게 의의 문들을 열지어다 내가 그리로 들어가서 여호와께 감사하리로다 이는 여호와의 문이라 의인들이 그리로 들어가리로다 시편 118:19-20

10.01
OCTOBER

내게 줄로 재어 준 구역은
아름다운 곳에 있음이여
나의 기업이 실로 아름답도다

여호와는 나의 산업과 나의 잔의 소득이시니 나의 분깃을 지키시나이다 내게 줄로 재어 준 구역은 아름다운 곳에 있음이여 나의 기업이 실로 아름답도다 시편 16:5-6

03.30
MARCH

날마다 우리 짐을 지시는 주

날마다 우리 짐을 지시는 주 곧 우리의 구원이신 하나님을 찬송할지로다 하나님은 우리에게 구원의 하나님 이시라 사망에서 벗어남은 주 여호와로 말미암거니와 시편 68:19-20

10

OCTOBER

네 길을 여호와께 맡기라 그를 의지하면 그가 이루시고 네 의를 빛같이 나타내시며
네 공의를 정오의 빛같이 하시리로다 시편 37:5-6

03.31
MARCH

여호와여 나의 죄악이 크오니
주의 이름으로 말미암아 사하소서

시편 25:11

4
APRIL

주께서 생명의 길을 내게 보이시리니 주의 앞에는 충만한 기쁨이 있고
주의 오른쪽에는 영원한 즐거움이 있나이다 시편 16:11

09.29
SEPTEMBER

여호와여 사람이 무엇이기에
주께서 그를 알아주시며
인생이 무엇이기에
그를 생각하시나이까

시편 144:3

04.01
APRIL

주께서 사랑하시는 자들을
주의 능력으로 건져 주소서

주께서 사랑하시는 자들을 건지시기 위하여 우리에게 응답하사 오른손으로 구원하소서 시편 108:6

09.28 SEPTEMBER

여호와께서
자기를 경외하는 자들에게 양식을 주시며
그의 언약을 영원히 기억하시리로다

여호와께서 자기를 경외하는 자들에게 양식을 주시며 그의 언약을 영원히 기억하시리로다 그가 그들에게
뭇 나라의 기업을 주사 그가 행하시는 일의 능력을 그들에게 알리셨도다 시편 111:5-6

04.02 APRIL

땅 끝까지 이르는 모든 것이
우리 하나님의 구원을 보았도다

그가 이스라엘의 집에 베푸신 인자와 성실을 기억하셨으므로 땅 끝까지 이르는 모든 것이 우리 하나님의 구원을 보았도다 시편 98:3

09.27
SEPTEMBER

내가 보니 모든 완전한 것이 다 끝이 있어도
주의 계명들은 심히 넓으니이다
내가 주의 법을 어찌 그리 사랑하는지요
내가 그것을 종일 작은 소리로 읊조리나이다

시편 119:96-97

04.03
APRIL

오직 나는 주의 풍성한 사랑을 힘입어
주의 집에 들어가 주를 경외함으로
성전을 향하여 예배하리이다 시편 5:7

09.26
SEPTEMBER

나의 곤고와 환난을 보시고
내 모든 죄를 사하소서

주여 나는 외롭고 괴로우니 내게 돌이키사 나에게 은혜를 베푸소서 내 마음의 근심이 많사오니 나를 고난에서 끌어내소서 나의 곤고와 환난을 보시고 내 모든 죄를 사하소서 시편 25:16-18

그는 기이한 일을 행하사
그의 오른손과 거룩한 팔로
자기를 위하여 구원을 베푸셨음이로다

04.04
APRIL

새 노래로 여호와께 찬송하라 그는 기이한 일을 행하사 그의 오른손과 거룩한 팔로 자기를 위하여 구원을 베푸셨음이로다 여호와께서 그의 구원을 알게 하시며 그의 공의를 뭇 나라의 목전에서 명백히 나타내셨도다
시편 98:1-2

04.05
APRIL

여호와께서
우리를 생각하사
복을 주시도다

여호와께서 우리를 생각하사 복을 주시되 이스라엘 집에도 복을 주시고 아론의 집에도 복을 주시며 높은 사람이나 낮은 사람을 막론하고 여호와를 경외하는 자들에게 복을 주시리로다 시편 115:12-13

내가 노래로 하나님의 이름을 찬송하며
감사함으로 하나님을 위대하시다 하리니
이것이 소 곧 뿔과 굽이 있는 황소를 드림보다
여호와를 더욱 기쁘시게 함이 될 것이라

시편 69:30-31

09.24
SEPTEMBER

04.06
APRIL

너희는 천지를 지으신
여호와께
복을 받는 자로다

너희는 천지를 지으신 여호와께 복을 받는 자로다 우리는 이제부터 영원까지 여호와를 송축하리로다
할렐루야 시편 115:15, 18

09.23
SEPTEMBER

하나님이여 주의 생각이
내게 어찌 그리 보배로우신지요
그 수가 어찌 그리 많은지요
내가 세려고 할지라도
그 수가 모래보다 많도소이다
내가 깰 때에도
여전히 주와 함께 있나이다

시편 139:17-18

04.07
APRIL

주여 신들 중에 주와 같은 자 없사오며
주의 행하심과 같은 일도 없나이다
무릇 주는 위대하사 기이한 일들을 행하시오니
주만이 하나님이시니이다 시편 86:8-10

09.22
SEPTEMBER

내가 주의 영을 떠나 어디로 가며
주의 앞에서 어디로 피하리이까

내가 주의 영을 떠나 어디로 가며 주의 앞에서 어디로 피하리이까 내가 하늘에 올라갈지라도 거기 계시며 스올에 내 자리를 펼지라도 거기 계시니이다 내가 새벽 날개를 치며 바다 끝에 가서 거주할지라도 거기서도 주의 손이 나를 인도하시며 주의 오른손이 나를 붙드시리이다 시편 139:7-10

04.08
APRIL

여호와께서
내 음성과 내 간구를 들으시므로
내가 그를 사랑하는도다
그의 귀를 내게 기울이셨으므로
내가 평생에 기도하리로다

시편 116:1-2

09.21
SEPTEMBER

여호와는 내 편이시라

내가 고통 중에 여호와께 부르짖었더니 여호와께서 응답하시고 나를 넓은 곳에 세우셨도다
여호와는 내 편이시라 내가 두려워하지 아니하리니 사람이 내게 어찌할까 시편 118:5-6

09.20
SEPTEMBER

주의 빛 안에서
우리가 빛을 보리이다

진실로 생명의 원천이 주께 있사오니 주의 빛 안에서 우리가 빛을 보리이다 주를 아는 자들에게
주의 인자하심을 계속 베푸시며 마음이 정직한 자에게 주의 공의를 베푸소서 시편 36:9-10

04.10
APRIL

내 영혼아 여호와를 송축하라
여호와 나의 하나님이여
주는 심히 위대하시며
존귀와 권위로 옷 입으셨나이다

시편 104:1

09.19
SEPTEMBER

주께서 나의 앞뒤를 둘러싸시고
내게 안수하셨나이다
이 지식이 내게 너무 기이하니 높아서
내가 능히 미치지 못하나이다 시편 139:5-6

04.11 APRIL

여호와의 친밀하심이
그를 경외하는 자들에게 있음이여
그의 언약을 그들에게 보이시리로다
내 눈이 항상 여호와를 바라봄은
내 발을 그물에서
벗어나게 하실 것임이로다

시편 25:14-15

09.18 SEPTEMBER

나의 죄를 씻어 주소서
내가 눈보다 희리이다

우슬초로 나를 정결하게 하소서 내가 정하리이다 나의 죄를 씻어 주소서 내가 눈보다 희리이다 내게 즐겁고 기쁜 소리를 들려 주시사 주께서 꺾으신 뼈들도 즐거워하게 하소서 시편 51:7-8

04.12
APRIL

만군의 하나님 여호와여
우리를 돌이켜 주시고
주의 얼굴의 광채를 우리에게 비추소서
우리가 구원을 얻으리이다

시편 80:19

09.17
SEPTEMBER

주의 율례들에 항상 주의하리이다

주의 말씀대로 나를 붙들어 살게 하시고 내 소망이 부끄럽지 않게 하소서 나를 붙드소서 그리하시면 내가 구원을 얻고 주의 율례들에 항상 주의하리이다 시편 119:116-117

주를 찬송함과 주께 영광 돌림이
종일토록 내 입에 가득하리이다 시편 71:8

04.13
APRIL

09.16
SEPTEMBER

주께서 내 영혼을 사망에서,
내 눈을 눈물에서,
내 발을 넘어짐에서 건지셨나이다
내가 생명이 있는 땅에서
여호와 앞에 행하리로다 시편 116:8-9

주께서 생명의 길을 내게 보이시리니 주의 앞에는 충만한 기쁨이 있고 주의 오른쪽에는 영원한 즐거움이 있나이다 시편 16:11

09.15
SEPTEMBER

흑암이 반드시 나를 덮고
나를 두른 빛은 밤이 되리라 할지라도
주에게서는 흑암이 숨기지 못하며
밤이 낮과 같이 비추이나니
주에게는 흑암과 빛이 같음이니이다

시편 139:11-12

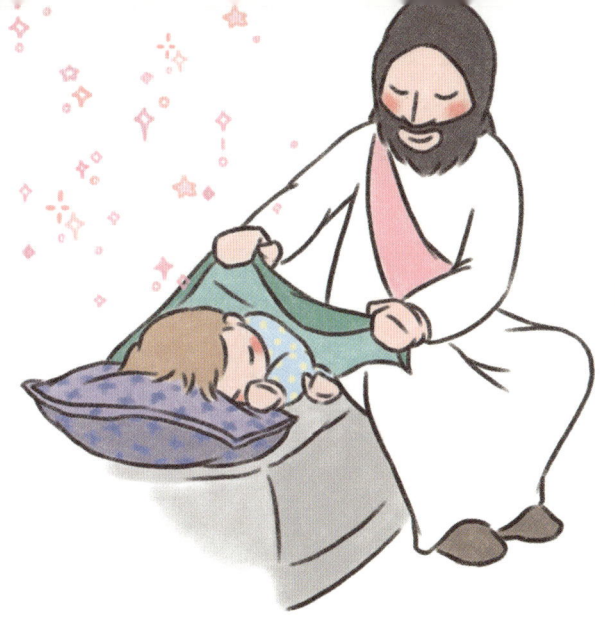

04.15
APRIL

내가 여호와께 피하였거늘

내가 여호와께 피하였거늘 너희가 내 영혼에게 새같이 네 산으로 도망하라 함은 어찌함인가 시편 11:1

09.14
SEPTEMBER

오직 하나님은 긍휼하시므로 죄악을 덮어 주시고
그의 진노를 여러 번 돌이키시며
그의 모든 분을 다 쏟아 내지 아니하셨으니

오직 하나님은 긍휼하시므로 죄악을 덮어 주시어 멸망시키지 아니하시고 그의 진노를 여러 번 돌이키시며 그의 모든 분을 다 쏟아 내지 아니하셨으니 이에 그가 그들을 자기 마음의 완전함으로 기르고 그의 손의 능숙함으로 그들을 지도하였도다 시편 78:38, 72

04.16
APRIL

보라 형제가 연합하여 동거함이
어찌 그리 선하고 아름다운고

보라 형제가 연합하여 동거함이 어찌 그리 선하고 아름다운고 머리에 있는 보배로운 기름이 수염 곧 아론의 수염에 흘러서 그의 옷깃까지 내림 같고 헐몬의 이슬이 시온의 산들에 내림 같도다 거기서 여호와께서 복을 명령하셨나니 곧 영생이로다 시편 133:1-3

04.17
APRIL

내가 환난 중에서 여호와께 아뢰며 나의 하나님께 부르짖었더니 그가 그의 성전에서 내 소리를 들으심이여 그의 앞에서 나의 부르짖음이 그의 귀에 들렸도다 시편 18:6

09.12
SEPTEMBER

내가 주의 모든 계명에 주의할 때에는
부끄럽지 아니하리이다
내가 주의 의로운 판단을 배울 때에는
정직한 마음으로 주께 감사하리이다

시편 119:6-7

04.18
APRIL

내 영혼아 여호와를 송축하며
그의 모든 은택을 잊지 말지어다

내 영혼아 여호와를 송축하며 그의 모든 은택을 잊지 말지어다 그가 네 모든 죄악을 사하시며 네 모든 병을 고치시며 네 생명을 파멸에서 속량하시고 인자와 긍휼로 관을 씌우시며 좋은 것으로 네 소원을 만족하게 하사 네 청춘을 독수리같이 새롭게 하시는도다 시편 103:2-5

09.11
SEPTEMBER

주의 말씀의 맛이
내게 어찌 그리 단지요
내 입에 꿀보다 더 다니이다

시편 119:103

04.19
APRIL

여호와께 감사하라
그는 선하시며
그의 인자하심이
영원함이로다

시편 118:1

09.10
SEPTEMBER

나의 환난 날에
내가 주께 부르짖으리니
주께서 내게 응답하시리이다

여호와여 나의 기도에 귀를 기울이시고 내가 간구하는 소리를 들으소서 나의 환난 날에 내가 주께 부르짖으리니 주께서 내게 응답하시리이다 시편 86:6-7

04.21
APRIL

여호와여 나를 반기시는 때에
내가 주께 기도하오니 내게 응답하소서

여호와여 나를 반기시는 때에 내가 주께 기도하오니 하나님이여 많은 인자와 구원의 진리로 내게 응답하소서
나를 수렁에서 건지사 빠지지 말게 하시고 나를 미워하는 자에게서와 깊은 물에서 건지소서 시편 69:13-14

09.08
SEPTEMBER

야곱의 하나님을
자기의 도움으로 삼으며
여호와 자기 하나님에게
자기의 소망을 두는 자는
복이 있도다

시편 146:5

여호와 앞에 잠잠하고 참고 기다리라

04.22
APRIL

여호와 앞에 잠잠하고 참고 기다리라 자기 길이 형통하며 악한 꾀를 이루는 자 때문에 불평하지 말지어다 진실로 악을 행하는 자들은 끊어질 것이나 여호와를 소망하는 자들은 땅을 차지하리로다 시편 37:7, 9

09.07 SEPTEMBER

그들이 주의 집에 있는 살진 것으로
풍족할 것이라
주께서 주의 복락의 강물을
마시게 하시리이다

시편 36:8

09.06
SEPTEMBER

그의 거룩한 이름을 자랑하라
여호와를 구하는 자들은 마음이 즐거울지로다

여호와께 감사하고 그의 이름을 불러 아뢰며 그가 하는 일을 만민 중에 알게 할지어다 그에게 노래하며 그를 찬양하며 그의 모든 기이한 일들을 말할지어다 그의 거룩한 이름을 자랑하라 여호와를 구하는 자들은 마음이 즐거울지로다 시편 105:1-3

내가 주의 공의를
내 심중에 숨기지 아니하고
주의 성실과 구원을 선포하였으며
내가 주의 인자와 진리를
많은 회중 가운데에서
감추지 아니하였나이다

시편 40:10

04.24
APRIL

09.05
SEPTEMBER

주의 증거들은 놀라우므로
　　내 영혼이 이를 지키나이다

내가 주의 계명들을 금 곧 순금보다 더 사랑하나이다 주의 증거들은 놀라우므로 내 영혼이 이를 지키나이다
시편 119:127, 129

09.04 SEPTEMBER

나를 숨겨 주시고
나를 감추어 주소서

하나님이여 내가 근심하는 소리를 들으시고 원수의 두려움에서 나의 생명을 보존하소서 주는 악을 꾀하는 자들의 음모에서 나를 숨겨 주시고 악을 행하는 자들의 소동에서 나를 감추어 주소서 시편 64:1-2, 10

여호와의 지으심을 받고
그가 다스리시는 모든 곳에 있는 너희여
여호와를 송축하라
내 영혼아 여호와를 송축하라

시편 103:22

04.26
APRIL

09.03 SEPTEMBER

주의 손가락으로 만드신 주의 하늘과
주께서 베풀어 두신 달과 별들을 내가 보오니
사람이 무엇이기에 주께서 그를 생각하시며
인자가 무엇이기에 주께서 그를 돌보시나이까

시편 8:3-4

04.27
APRIL

내가 여호와의 인자하심을 영원히 노래하며
주의 성실하심을 내 입으로 대대에 알게 하리이다
내가 말하기를 인자하심을 영원히 세우시며
주의 성실하심을 하늘에서 견고히 하시리라 하였나이다

시편 89:1-2

09.02
SEPTEMBER

내가 주께 피하오니
내가 영원히
수치를 당하게 하지 마소서

여호와여 내가 주께 피하오니 내가 영원히 수치를 당하게 하지 마소서 주의 의로 나를 건지시며 나를 풀어 주시며 주의 귀를 내게 기울이사 나를 구원하소서 주는 내가 항상 피하여 숨을 바위가 되소서 주께서 나를 구원하라 명령하셨으니 이는 주께서 나의 반석이시요 나의 요새이심이니이다 시편 71:1-2

09.01
SEPTEMBER

지혜 있는 자들은
이러한 일들을 지켜보고
여호와의 인자하심을 깨달으리로다

여호와께서는 강이 변하여 광야가 되게 하시며 샘이 변하여 마른 땅이 되게 하시며 또 광야가 변하여 못이 되게 하시며 마른 땅이 변하여 샘물이 되게 하시고 … 지혜 있는 자들은 이러한 일들을 지켜보고 여호와의 인자하심을 깨달으리로다 시편 107:33, 35, 43

04.29
APRIL

여호와께서
그의 높은 성소에서 굽어보시며
하늘에서 땅을 살펴보셨으니

여호와께서 그의 높은 성소에서 굽어보시며 하늘에서 땅을 살펴 보셨으니 이는 갇힌 자의 탄식을 들으시며
죽이기로 정한 자를 해방하사 여호와의 이름을 시온에서, 그 영예를 예루살렘에서 선포하게 하려 하심이라
그 때에 민족들과 나라들이 함께 모여 여호와를 섬기리로다 시편 102:19-22

9

SEPTEMBER

내가 사망의 음침한 골짜기로 다닐지라도 해를 두려워하지 않을 것은
주께서 나와 함께하심이라 시편 23:4

08.31
AUGUST

주 하나님이여
주께서 나의 서원을 들으시고
주의 이름을 경외하는 자가
얻을 기업을 내게 주셨나이다
내가 주의 이름을 영원히 찬양하며
매일 나의 서원을 이행하리이다
시편 61:5, 8

5
MAY

여호와를 의지하는 자는 시온 산이 흔들리지 아니하고 영원히 있음 같도다 시편 125:1

08.30
AUGUST

너는 여호와를 기다릴지어다
강하고 담대하며
여호와를 기다릴지어다

내가 산 자들의 땅에서 여호와의 선하심을 보게 될 줄 확실히 믿었도다 너는 여호와를 기다릴지어다 강하고
담대하며 여호와를 기다릴지어다 시편 27:13-14

05.01 MAY

무릇 구름 위에서 능히 여호와와 비교할 자 누구며
신들 중에서 여호와와 같은 자 누구리이까 시편 89:6

08.29
AUGUST

내 심령이 속에서 상하며
내 마음이 내 속에서
참담하니이다

여호와여 내 기도를 들으시며 내 간구에 귀를 기울이시고 주의 진실과 의로 내게 응답하소서 주의 종에게 심판을 행하지 마소서 주의 눈 앞에는 의로운 인생이 하나도 없나이다 내 심령이 속에서 상하며 내 마음이 내 속에서 참담하니이다 시편 143:1-2, 4

주의 은택으로 한 해를 관 씌우시니 주의 길에는 기름 방울이 떨어지며 들의 초장에도 떨어지니 작은 산들이 기쁨으로 띠를 띠었나이다 초장은 양 떼로 옷 입었고 골짜기는 곡식으로 덮였으매 그들이 다 즐거이 외치고 또 노래하나이다 시편 65:11-13

08.28
AUGUST

주께서 나를 기뻐하시는 줄
내가 알았나이다

내 원수가 나를 이기지 못하오니 주께서 나를 기뻐하시는 줄을 내가 알았나이다 주께서 나를 온전한 중에 붙드시고 영원히 주 앞에 세우시나이다 시편 41:11-12

05.03
MAY

내가 아뢰는 날에
내 원수들이 물러가리니
이것으로 하나님이
내 편이심을 내가 아나이다

시편 56:9

08.27
AUGUST

나는 여전히 태연하리로다

여호와는 나의 빛이요 나의 구원이시니 내가 누구를 두려워하리요 여호와는 내 생명의 능력이시니 내가 누구를 무서워하리요 군대가 나를 대적하여 진 칠지라도 내 마음이 두렵지 아니하며 전쟁이 일어나 나를 치려 할지라도 나는 여전히 태연하리로다 시편 27:1, 3

그가 네 문빗장을 견고히 하시고
네 가운데에 있는 너의 자녀들에게 복을 주셨으며
네 경내를 평안하게 하시고
아름다운 밀로 너를 배불리시며
그의 명령을 땅에 보내시니
그의 말씀이 속히 달리는도다

시편 147:13-15

05.04
MAY

08.26
AUGUST

나의 하나님이여
지체하지 마소서

나는 가난하고 궁핍하오나 주께서는 나를 생각하시오니 주는 나의 도움이시요 나를 건지시는 이시라
나의 하나님이여 지체하지 마소서 시편 40:17

08.25
AUGUST

여호와여 주는 나를 돕고 위로하시는 이시니이다

은총의 표적을 내게 보이소서 그러면 나를 미워하는 그들이 보고 부끄러워하오리니 여호와여 주는 나를 돕고 위로하시는 이시니이다 시편 86:17

08.24
AUGUST

청년이 무엇으로 그의 행실을
깨끗하게 하리이까
주의 말씀만 지킬 따름이니이다

청년이 무엇으로 그의 행실을 깨끗하게 하리이까 주의 말씀만 지킬 따름이니이다 내가 전심으로 주를 찾았사오니 주의 계명에서 떠나지 말게 하소서 시편 119:9-10

05.07 MAY

내가 측량할 수 없는 주의 공의와 구원을
내 입으로 종일 전하리이다

내가 측량할 수 없는 주의 공의와 구원을 내 입으로 종일 전하리이다 내가 주 여호와의 능하신 행적을 가지고 오겠사오며 주의 공의만 전하겠나이다 시편 71:15-16

08.23
AUGUST

나의 소망은 주께 있나이다

주여 이제 내가 무엇을 바라리요 나의 소망은 주께 있나이다 나를 모든 죄에서 건지시며 우매한 자에게서 욕을 당하지 아니하게 하소서 시편 39:7-8

네 집 안방에 있는 네 아내는
결실한 포도나무 같으며
네 식탁에 둘러 앉은 자식들은
어린 감람나무 같으리로다
여호와를 경외하는 자는
이같이 복을 얻으리로다
시편 128:3-4

05.08
MAY

05.09 MAY

산들이 예루살렘을 두름과 같이
여호와께서 그의 백성을
지금부터 영원까지 두르시리로다

여호와를 의지하는 자는 시온 산이 흔들리지 아니하고 영원히 있음 같도다 산들이 예루살렘을 두름과 같이
여호와께서 그의 백성을 지금부터 영원까지 두르시리로다 시편 125:1-2

08.21
AUGUST

하나님은 환난 중에 만날
큰 도움이시라

하나님은 우리의 피난처시요 힘이시니 환난 중에 만날 큰 도움이시라 그러므로 땅이 변하든지 산이 흔들려 바다 가운데에 빠지든지 바닷물이 솟아나고 뛰놀든지 그것이 넘침으로 산이 흔들릴지라도 우리는 두려워하지 아니하리로다 시편 46:1-3

05.10
MAY

내가 죄를 고백하지
아니할 때에는
주의 손이 밤낮으로 나를
무겁게 누르시오니

내가 입을 열지 아니할 때에 종일 신음하므로 내 뼈가 쇠하였도다 주의 손이 주야로 나를 누르시오니
내 진액이 빠져서 여름 가뭄에 마름같이 되었나이다 시편 32:3-4

08.20
AUGUST

내가 나의 행위를 아뢰매
주께서 내게 응답하셨사오니
주의 율례들을 내게 가르치소서
나에게 주의 법도들의 길을 깨닫게 하여 주소서
그리하시면 내가 주의 기이한 일들을
작은 소리로 읊조리리이다

시편 119:26-27

05.11
MAY

내 죄를 고백하고
숨김없이 다 털어놓았더니
주께서 나의 모든 죄를
용서해 주셨나이다

내가 이르기를 내 허물을 여호와께 자복하리라 하고 주께 내 죄를 아뢰고 내 죄악을 숨기지 아니하였더니
곧 주께서 내 죄악을 사하셨나이다 시편 32:5

08.19
AUGUST

내 영혼이 여호와를 자랑하리니
곤고한 자들이 이를 듣고 기뻐하리로다

내가 여호와를 항상 송축함이여 내 입술로 항상 주를 찬양하리이다 내 영혼이 여호와를 자랑하리니 곤고한 자들이 이를 듣고 기뻐하리로다 시편 34:1-2

05.12
MAY

여호와의 집 우리 여호와의 성전
곧 우리 하나님의 성전 뜰에 서 있는 너희여
여호와를 찬송하라 여호와는 선하시며
그의 이름이 아름다우니 그의 이름을 찬양하라 시편 135:2-3

08.18 AUGUST

주를 만날 기회를 얻어서 주께 기도할지라

모든 경건한 자는 주를 만날 기회를 얻어서 주께 기도할지라 진실로 홍수가 범람할지라도 그에게 미치지 못하리이다 악인에게는 많은 슬픔이 있으나 여호와를 신뢰하는 자에게는 인자하심이 두르리로다 시편 32:6, 10

홀로 큰 기이한 일들을
행하시는 이에게 감사하라

05.13
MAY

홀로 큰 기이한 일들을 행하시는 이에게 감사하라 그 인자하심이 영원함이로다 지혜로 하늘을 지으신 이에게 감사하라 그 인자하심이 영원함이로다 땅을 물 위에 펴신 이에게 감사하라 그 인자하심이 영원함이로다 큰 빛들을 지으신 이에게 감사하라 그 인자하심이 영원함이로다 시편 136:4-7

08.17
AUGUST

주께서는 경외 받을 이시니
주께서 한 번 노하실 때에
누가 주의 목전에 서리이까
주께서 하늘에서 판결을 선포하시매
땅이 두려워 잠잠하였나니
곧 하나님이 땅의 모든 온유한 자를 구원하시려고
심판하러 일어나신 때에로다

시편 76:7-9

05.14
MAY

나를 기억해 주소서

여호와여 주의 백성에게 베푸시는 은혜로 나를 기억하시며 주의 구원으로 나를 돌보사 시편 106:4

08.16 AUGUST

상심한 자들을 고치시며
그들의 상처를 싸매시는도다

시편 147:3

하나님은 우리에게 은혜를 베푸사 복을 주시고 그의 얼굴 빛을 우리에게 비추사 주의 도를 땅 위에, 주의 구원을 모든 나라에게 알리소서 시편 67:1-2

05.16
MAY

그가 구름으로 하늘을 덮으시며
땅을 위하여 비를 준비하시며
산에 풀이 자라게 하시며

시편 147:8

08.14
AUGUST

여호와여 아침에 주께서 나의 소리를 들으시리니
아침에 내가 주께 기도하고 바라리이다 시편 5:3

05.17
MAY

새 노래로 그를 노래하며
즐거운 소리로 아름답게 연주할지어다
여호와의 말씀은 정직하며
그가 행하시는 일은 다 진실하시도다
그는 공의와 정의를 사랑하심이여
세상에는 여호와의 인자하심이
충만하도다 시편 33:3-5

08.13
AUGUST

여호와여 주의 도를
내게 가르치소서

여호와여 주의 도를 내게 가르치소서 내가 주의 진리에 행하오리니 일심으로 주의 이름을 경외하게 하소서
시편 86:11

내가 넘어지게 되었고
나의 근심이 항상 내 앞에 있사오니
내 죄악을 아뢰고 내 죄를 슬퍼함이니이다
여호와여 나를 버리지 마소서
나의 하나님이여 나를 멀리하지 마소서
속히 나를 도우소서 주 나의 구원이시여

시편 38:17-18, 21-22

05.18
MAY

08.12
AUGUST

나를 주 앞에서 쫓아내지 마시며
주의 성령을 내게서 거두지 마소서

나를 주 앞에서 쫓아내지 마시며 주의 성령을 내게서 거두지 마소서 주의 구원의 즐거움을 내게 회복시켜
주시고 자원하는 심령을 주사 나를 붙드소서 시편 51:11-12

나의 마음이 굳건하고 확고하여 두려움이 없으니

05.19 MAY

그는 흉한 소문을 두려워하지 아니함이여 여호와를 의뢰하고 그의 마음을 굳게 정하였도다
그의 마음이 견고하여 두려워하지 아니할 것이라 시편 112:7-8

08.10
AUGUST

의인들의 구원은
여호와로부터 오나니

의인들의 구원은 여호와로부터 오나니 그는 환난 때에 그들의 요새이시로다 여호와께서 그들을
도와 건지시되 악인들에게서 건져 구원하심은 그를 의지한 까닭이로다 시편 37:39-40

05.21
MAY

내가 완전한 길을 주목하오리니
주께서 어느 때나 내게 임하시겠나이까
내가 완전한 마음으로 내 집 안에서 행하리이다 시편 101:2

08.09
AUGUST

주가 하신 약속에
내 희망을 거는도다

주는 나의 은신처요 방패시라 내가 주의 말씀을 바라나이다 너희 행악자들이여 나를 떠날지어다 나는 내 하나님의 계명들을 지키리로다 시편 119:114-115

05.22 MAY

여호와여 내가 주께서 계신 집과
주의 영광이 머무는 곳을 사랑하오니

시편 26:8

08.07
AUGUST

나를 멀리하지 마옵소서

나를 멀리하지 마옵소서 환난이 가까우나 도울 자 없나이다 여호와여 멀리하지 마옵소서 나의 힘이시여
속히 나를 도우소서 시편 22:11, 19

05.24
MAY

나는 오직 주의 사랑을 의지하였사오니
나의 마음은 주의 구원을 기뻐하리이다
내가 여호와를 찬송하리니
이는 주께서 내게 은덕을 베푸심이로다

시편 13:5-6

08.06
AUGUST

나의 영혼이 주를 가까이 따르니
주의 오른손이 나를 붙드시거니와

시편 63:8

08.05
AUGUST

여호와께서
나의 의지가 되셨도다

그들이 나의 재앙의 날에 내게 이르렀으나 여호와께서 나의 의지가 되셨도다 나를 넓은 곳으로 인도하시고
나를 기뻐하시므로 나를 구원하셨도다 시편 18:18-19

05.26
MAY

나는 가난하고 궁핍하오니
하나님이여 속히 내게 임하소서
주는 나의 도움이시요
나를 건지시는 이시오니
여호와여 지체하지 마소서

시편 70:5

08.04
AUGUST

의인의 적은 소유가
악인의 풍부함보다 낫도다

시편 37:16

08.03
AUGUST

주의 보좌는 예로부터 견고히 섰으며
주는 영원부터 계셨나이다

여호와께서 다스리시니 스스로 권위를 입으셨도다 여호와께서 능력의 옷을 입으시며 띠를 띠셨으므로 세계도 견고히 서서 흔들리지 아니하는도다 주의 보좌는 예로부터 견고히 섰으며 주는 영원부터 계셨나이다 시편 93:1-2

05.28 MAY

여호와는 나의 목자시니
내게 부족함이 없으리로다

여호와는 나의 목자시니 내게 부족함이 없으리로다 그가 나를 푸른 풀밭에 누이시며 쉴 만한 물 가로
인도하시는도다 내 영혼을 소생시키고 자기 이름을 위하여 의의 길로 인도하시는도다 시편 23:1-3

08.02
AUGUST

네 성 안에는 평안이 있고
네 궁중에는 형통함이 있을지어다

네 성 안에는 평안이 있고 네 궁중에는 형통함이 있을지어다 내가 내 형제와 친구를 위하여 이제 말하리니
네 가운데에 평안이 있을지어다 여호와 우리 하나님의 집을 위하여 내가 너를 위하여 복을 구하리로다
시편 122:7-9

여호와는 그를 경외하는 자
곧 그의 인자하심을 바라는 자를 살피사
그들의 영혼을 사망에서 건지시며
그들이 굶주릴 때에 그들을 살리시는도다

시편 33:18-19

05.30
MAY

8
AUGUST

하나님은 우리의 피난처시요 힘이시니 환난 중에 만날 큰 도움이시라
그러므로 땅이 변하든지 산이 흔들려 바다 가운데에 빠지든지 바닷물이 솟아나고 뛰놀든지
그것이 넘침으로 산이 흔들릴지라도 우리는 두려워하지 아니하리로다 시편 46:1-3

05.31
MAY

아침에 주님의 사랑을 알리며
밤마다 주님의 성실하심을
알리는 일이 좋으니이다

지존자여 십현금과 비파와 수금으로 여호와께 감사하며 주의 이름을 찬양하고 아침마다
주의 인자하심을 알리며 밤마다 주의 성실하심을 베풂이 좋으니이다 시편 92:1-3

07.31
JULY

지존하신 여호와는 두려우시고
온 땅에 큰 왕이 되심이로다

너희 만민들아 손바닥을 치고 즐거운 소리로 하나님께 외칠지어다 지존하신 여호와는 두려우시고 온 땅에 큰 왕이 되심이로다 시편 47:1-2

JUNE

여호와여 주의 도를 내게 보이시고 주의 길을 내게 가르치소서
주의 진리로 나를 지도하시고 교훈하소서 주는 내 구원의 하나님이시니
내가 종일 주를 기다리나이다 시편 25:4-5

07.30
JULY

> 그가 너를 위하여 그의 천사들을 명령하사
> 네 모든 길에서 너를 지키게 하심이라

네가 말하기를 여호와는 나의 피난처시라 하고 지존자를 너의 거처로 삼았으므로 화가 네게 미치지 못하며 재앙이 네 장막에 가까이 오지 못하리니 그가 너를 위하여 그의 천사들을 명령하사 네 모든 길에서 너를 지키게 하심이라 시편 91:9-12

여호와 외에 누가 하나님이며
우리 하나님 외에 누가 반석이냐
이 하나님이 힘으로 내게 띠 띠우시며
내 길을 완전하게 하시며
나의 발을 암사슴 발 같게 하시며
나를 나의 높은 곳에 세우시며

시편 18:31-33

06.01
JUNE

07.29
JULY

너희는 여호와 너희 하나님께
서원하고 갚으라

너희는 여호와 너희 하나님께 서원하고 갚으라 사방에 있는 모든 사람도 마땅히 경외할 이에게 예물을
드릴지로다 시편 76:11

06.02
JUNE

받은 복을 세어 보아라

여호와 나의 하나님이여 주께서 행하신 기적이 많고 우리를 향하신 주의 생각도 많아 누구도 주와 견줄 수가 없나이다 내가 널리 알려 말하고자 하나 너무 많아 그 수를 셀 수도 없나이다 시편 40:5

07.28
JULY

여호와께서
그들이 바라는 항구로
인도하시는도다

그들이 그들의 고통 때문에 여호와께 부르짖으매 그가 그들의 고통에서 그들을 인도하여 내시고 광풍을 고요하게 하사 물결도 잔잔하게 하시는도다 그들이 평온함으로 말미암아 기뻐하는 중에 여호와께서 그들이 바라는 항구로 인도하시는도다 시편 107:28-30

06.03
JUNE

그가 영원토록 지극한 복을 받게 하시며
주 앞에서 기쁘고 즐겁게 하시나이다
왕이 여호와를 의지하오니
지존하신 이의 인자함으로
흔들리지 아니하리이다 시편 21:6-7

07.27
JULY

뭇 백성들아 이를 들으라
세상의 거민들아 모두 귀를 기울이라
귀천 빈부를 막론하고 다 들을지어다
내 입은 지혜를 말하겠고
내 마음은 명철을
작은 소리로 읊조리리로다

시편 49:1-3

06.04
JUNE

재물이 늘어도
거기에 마음을 두지
말지어다

아, 슬프도다 사람은 입김이며 인생도 속임수이니 저울에 달면 그들은 입김보다 가벼우리로다 포악을 의지하지 말며 탈취한 것으로 허망하여지지 말며 재물이 늘어도 거기에 마음을 두지 말지어다 하나님이 한두 번 하신 말씀을 내가 들었나니 권능은 하나님께 속하였다 하셨도다 시편 62:9-10

07.26
JULY

나의 방패는 하나님께 있도다

의로우신 하나님이 사람의 마음과 양심을 감찰하시나이다 나의 방패는 마음이 정직한 자를 구원하시는 하나님께 있도다 시편 7:9-10

06.05
JUNE

내가 네 갈 길을 가르쳐 보이고
너를 주목하여 훈계하리로다

내가 네 갈 길을 가르쳐 보이고 너를 주목하여 훈계하리로다 너희는 무지한 말이나 노새같이 되지 말지어다 그것들은 재갈과 굴레로 단속하지 아니하면 너희에게 가까이 가지 아니하리로다 시편 32:8-9

07.25
JULY

우리를 비천한 가운데에서도
기억해 주신 이에게 감사하라
그 인자하심이 영원함이로다
우리를 우리의 대적에게서
건지신 이에게 감사하라
그 인자하심이 영원함이로다

시편 136:23-24

07.24
JULY

나를 핍박하는 자들의 손에서
나를 건져 주소서

내가 무리의 비방을 들었으므로 사방이 두려움으로 감싸였나이다 그들이 나를 치려고 함께 의논할 때에 내 생명을 빼앗기로 꾀하였나이다 여호와여 그러하여도 나는 주께 의지하고 말하기를 주는 내 하나님이시라 하였나이다 나의 앞날이 주의 손에 있사오니 내 원수들과 나를 핍박하는 자들의 손에서 나를 건져 주소서 시편 31:13-15

06.07
JUNE

내가 주의 계명들을 믿었사오니
좋은 명철과 지식을 내게 가르치소서
고난당하기 전에는 내가 그릇 행하였더니
이제는 주의 말씀을 지키나이다
주는 선하사 선을 행하시오니
주의 율례들로 나를 가르치소서

시편 119:66-68

06.08
JUNE

여호와 우리 주여 주의 이름이
온 땅에 어찌 그리 아름다운지요
주의 영광이 하늘을 덮었나이다 시편 8:1

07.22
JULY

주의 얼굴을 나에게서
어느 때까지 숨기시겠나이까

여호와여 어느 때까지니이까 나를 영원히 잊으시나이까 주의 얼굴을 나에게서 어느 때까지 숨기시겠나이까 나의 영혼이 번민하고 종일토록 마음에 근심하기를 어느 때까지 하오며 내 원수가 나를 치며 자랑하기를 어느 때까지 하리이까 시편 13:1-2

06.09
JUNE

여호와여 주의 도를 내게 보이시고
주의 길을 내게 가르치소서
주의 진리로 나를 지도하시고 교훈하소서
주는 내 구원의 하나님이시니
내가 종일 주를 기다리나이다

시편 25:4-5

07.21
JULY

주는 대대에 우리의 거처가 되셨나이다

주여 주는 대대에 우리의 거처가 되셨나이다 산이 생기기 전, 땅과 세계도 주께서 조성하시기 전 곧 영원부터 영원까지 주는 하나님이시니이다 주의 목전에는 천 년이 지나간 어제 같으며 밤의 한 순간 같을 뿐임이니이다
시편 90:1-2, 4

06.10
JUNE

여호와는
억눌린 사람들을 위해 정의로 심판하시며
주린 자들에게 먹을 것을 주시는 이시로다
여호와께서는 갇힌 자들에게 자유를 주시는도다
여호와께서 맹인들의 눈을 여시며
여호와께서 비굴한 자들을 일으키시며
여호와께서 의인들을 사랑하시며
여호와께서 나그네들을 보호하시며
고아와 과부를 붙드시고
악인들의 길은 굽게 하시는도다

시편 146:7-9

07.20
JULY

주님께서 나를 언제 위로해 주실까

나의 영혼이 주의 구원을 사모하기에 피곤하오나 나는 주의 말씀을 바라나이다 나의 말이 주께서 언제나
나를 안위하실까 하면서 내 눈이 주의 말씀을 바라기에 피곤하니이다 시편 119:81-82

06.11
JUNE

동이 서에서 먼 것같이
우리의 죄과를 우리에게서 멀리 옮기셨으며
아버지가 자식을 긍휼히 여김같이
여호와께서는 자기를 경외하는 자를
긍휼히 여기시나니
이는 그가 우리의 체질을 아시며
우리가 단지 먼지뿐임을
기억하심이로다 시편 103:12-14

07.19
JULY

여호와께서
그들의 부르짖음을 들으실 때에
그들의 고통을 돌보시며

여호와께서 그들의 부르짖음을 들으실 때에 그들의 고통을 돌보시며 그들을 위하여 그의 언약을 기억하시고
그 크신 인자하심을 따라 뜻을 돌이키사 그들을 사로잡은 모든 자에게서 긍휼히 여김을 받게 하셨도다
시편 106:44-46

06.12
JUNE

내 마음을 주의 증거들에게 향하게 하시고
탐욕으로 향하지 말게 하소서
내 눈을 돌이켜 허탄한 것을 보지 말게 하시고
주의 길에서 나를 살아나게 하소서

시편 119:36-37

07.18
JULY

여호와께서 너의 출입을
지금부터 영원까지 지키시리로다

여호와께서 너를 지켜 모든 환난을 면하게 하시며 또 네 영혼을 지키시리로다 여호와께서 너의 출입을
지금부터 영원까지 지키시리로다 시편 121:7-8

06.13
JUNE

그가 내 기도를
물리치지 아니하시고
그의 인자하심을
내게서 거두지도 아니하셨도다

하나님이 실로 들으셨음이여 내 기도 소리에 귀를 기울이셨도다 하나님을 찬송하리로다 그가 내 기도를
물리치지 아니하시고 그의 인자하심을 내게서 거두지도 아니하셨도다 시편 66:19-20

07.17 JULY

나를 주 앞에서 생명의 빛 가운데 다니도록 하셨나이다

하나님이여 내가 주께 서원함이 있사온즉 내가 감사제를 주께 드리리니 주께서 내 생명을 사망에서 건지셨음이라 주께서 나로 하나님 앞, 생명의 빛에 다니게 하시려고 실족하지 아니하게 하지 아니하셨나이까 시편 56:12-13

여호와를 경외하는 자 누구냐
그가 택할 길을 그에게 가르치시리로다

시편 25:12

06.14
JUNE

나의 지은 죄를 그대로 갚지 않으시고
자주 경책하지 아니하시며
노를 영원히 품지 아니하시리로다

06.15
JUNE

여호와는 긍휼이 많으시고 은혜로우시며 노하기를 더디 하시고 인자하심이 풍부하시도다 자주 경책하지 아니하시며 노를 영원히 품지 아니하시리로다 우리의 죄를 따라 우리를 처벌하지는 아니하시며 우리의 죄악을 따라 우리에게 그대로 갚지는 아니하셨으니 이는 하늘이 땅에서 높음같이 그를 경외하는 자에게 그의 인자하심이 크심이로다 시편 103:8-11

07.15
JULY

우리의 목자가 되시어
　　　영원토록 우리를 인도하소서

여호와는 그들의 힘이시요 그의 기름 부음 받은 자의 구원의 요새이시로다 주의 백성을 구원하시며
주의 산업에 복을 주시고 또 그들의 목자가 되시어 영원토록 그들을 인도하소서 시편 28:8-9

06.16
JUNE

또 여호와를 기뻐하라
그가 네 마음의 소원을
네게 이루어 주시리로다

여호와를 의뢰하고 선을 행하라 땅에 머무는 동안 그의 성실을 먹을 거리로 삼을지어다 또 여호와를 기뻐하라 그가 네 마음의 소원을 네게 이루어 주시리로다 시편 37:3-4

07.14
JULY

내 죄악이 내 머리에 넘쳐서
무거운 짐 같으니
내가 감당할 수 없나이다

주의 진노로 말미암아 내 살에 성한 곳이 없사오며 나의 죄로 말미암아 내 뼈에 평안함이 없나이다 내 죄악이 내 머리에 넘쳐서 무거운 짐 같으니 내가 감당할 수 없나이다 내 상처가 썩어 악취가 나오니 내가 우매한 까닭이로소이다 시편 38:3-5

06.17
JUNE

악을 행하는 자들 때문에 불평하지 말며 불의를 행하는 자들을 시기하지 말지어다
그들은 풀과 같이 속히 베임을 당할 것이며 푸른 채소같이 쇠잔할 것임이로다 시편 37:1-2

07.13
JULY

즐겁게 소리칠 줄 아는 백성은 복이 있나니
여호와여 그들이 주의 얼굴 빛 안에서 다니리로다 시편 89:15

06.18
JUNE

내가 나그네 된 집에서
주의 율례들이
나의 노래가 되었나이다

시편 119:54

07.12
JULY

주를 찾는 자는
다 주 안에서 즐거워하고 기뻐하게 하시며
주의 구원을 사랑하는 자는
항상 말하기를
여호와는 위대하시다 하게 하소서

시편 40:16

06.19
JUNE

너희는 가만히 있어
내가 하나님 됨을 알지어다

너희는 가만히 있어 내가 하나님 됨을 알지어다 내가 뭇 나라 중에서 높임을 받으리라 내가 세계 중에서 높임을 받으리라 하시도다 만군의 여호와께서 우리와 함께하시니 야곱의 하나님은 우리의 피난처시로다 시편 46:10-11

07.11
JULY

너희는 내 얼굴을 찾으라

너희는 내 얼굴을 찾으라 하실 때에 내가 마음으로 주께 말하되 여호와여 내가 주의 얼굴을 찾으리이다 하였나이다 시편 27:8

06.20
JUNE

내가 간구하는 날에
주께서 응답하시고
내 영혼에 힘을 주어
나를 강하게 하셨나이다

시편 138:3

07.10
JULY

두려움과 떨림이 내게 이르고
공포가 나를 덮었도다

하나님이여 내 기도에 귀를 기울이시고 내가 간구할 때에 숨지 마소서 내 마음이 내 속에서 심히 아파하며 사망의 위험이 내게 이르렀도다 두려움과 떨림이 내게 이르고 공포가 나를 덮었도다 시편 55:1, 4-5

06.21
JUNE

사악한 마음이 내게서 떠날 것이니
악한 일을 내가 알지 아니하리로다

시편 101:4

06.22
JUNE

내 마음이 약해질 때에
땅 끝에서부터 주께 부르짖으오리니
나보다 높은 바위에 나를 인도하소서

시편 61:2

07.07
JULY

여호와여 의의 호소를 들으소서
나의 울부짖음에 주의하소서
거짓 되지 아니한 입술에서 나오는
나의 기도에 귀를 기울이소서
주께서 나를 판단하시며
주의 눈으로 공평함을 살피소서

시편 17:1-2

07.06 JULY

너희는 하나님께 능력을 돌릴지어다

너희는 하나님께 능력을 돌릴지어다 그의 위엄이 이스라엘 위에 있고 그의 능력이 구름 속에 있도다 시편 68:34

06.25
JUNE

내가 주의 날개 그늘에서
즐겁게 부르리이다

내가 나의 침상에서 주를 기억하며 새벽에 주의 말씀을 작은 소리로 읊조릴 때에 하오리니 주는 나의 도움이 되셨음이라 내가 주의 날개 그늘에서 즐겁게 부르리이다 시편 63:6-7

07.03
JULY

우리가 종일
하나님을 자랑하였나이다
우리는 하나님의 이름에
영원히 감사하리이다

시편 44:8

06.28
JUNE

의인은 종려나무 같이 번성하며
레바논의 백향목 같이 성장하리로다
이는 여호와의 집에 심겼음이여
우리 하나님의 뜰 안에서
번성하리로다 시편 92:12-13

07.02
JULY

여호와의 모든 길은
그의 언약과 증거를 지키는 자에게
인자와 진리로다

온유한 자를 정의로 지도하심이여 온유한 자에게 그의 도를 가르치시리로다 여호와의 모든 길은
그의 언약과 증거를 지키는 자에게 인자와 진리로다 시편 25:9-10

07.01
JULY

여호와여 주께서 행하신 일로
나를 기쁘게 하셨으니
주의 손이 행하신 일로 말미암아
내가 높이 외치리이다

시편 92:4

06.30
JUNE

여호와께서 환난 날에 나를 그의 초막 속에 비밀히 지키시고 그의 장막 은밀한 곳에 나를 숨기시며 높은 바위 위에 두시리로다

시편 27:5

JULY

여호와께서 너를 지켜 모든 환난을 면하게 하시며 또 네 영혼을 지키시리로다
여호와께서 너의 출입을 지금부터 영원까지 지키시리로다 시편 121:7-8

• 당신의 하루를 위한 토기장이 캘린더

365그림묵상 캘린더
마음에 그리는 말씀묵상

글/그림 고래일기

"당신의 모든 하루는 소중합니다"
매일매일 돌보시는 주님의 부드러운 손길을
따스한 그림으로 그려낸 365 탁상 캘린더

오스왈드 챔버스의
주님은 나의 최고봉 365 묵상

오스왈드 챔버스 지음

"최상의 하나님께 나의 최선을 드립니다"
「주님은 나의 최고봉」의 핵심 메시지와
말씀이 담긴 365 탁상 캘린더

한없이 안기고 싶은 날에 그리고 쓰다
사랑에 안기다
고래일기(박고은) 글·그림

오늘, 다시, 그 사랑에 안길 당신에게
"너를 기다리는 시간은 사랑이란다!"
하나님 아버지의 마음이 담긴 따뜻한 그림묵상집

일상의 여행자들을 위한 에세이
예수님과 여행을 시작합니다
김유림(라이트니스) 글·그림

지금 새로운 모험을 앞두고 있는 당신에게
편안하게 안주하던 일상에서 벗어나
예수님과 함께하는 여행을 떠나다

내 마음의 노래, 시편묵상

1판 3쇄 2025년 10월 30일

글/그림 고래일기 박고은 **발행인** 조애신
편집 이소연 **디자인** 임은미 **마케팅** 전필영 **경영지원** 전두표

발행처 도서출판 토기장이 **주소** 서울시 마포구 동교로 71-1 2F
출판등록 1998년 5월 29일 제1998-000070호 **전화** 02-3143-0400 **팩스** 0505-300-0646
이메일 tletter77@naver.com **인스타그램** @togijangi_books_
ISBN 978-89-7782-479-9

- 이 책은 저작권 법에 따라 보호를 받는 저작물이므로 무단 전재와 무단 복제를 금합니다.
- 이 책의 전부 또는 일부를 이용하려면 반드시 저자와 도서출판 토기장이의 동의를 받아야 합니다.

도서출판 토기장이는 생명 있는 책만 만듭니다.
"우리는 진흙이요 주는 토기장이시니 우리는 다 주의 손으로 지으신 것이니이다" (이사야 64:8)